赤土色のスペイン

堀越千秋

Horikoshi Chiaki

弦書房

装画　堀越千秋
装幀　毛利一枝

目次

赤土色のスペイン

赤土色のスペイン

百五十年目の雨漏りで来た男

アルバロ君は、アルバニルである。アルバニルとは、建設作業員とか左官とかいう意味である。二十五歳と若いのに、三十すぎに見えるのは、髪が金色でしかも少ないせいであろうか。メガネをかけている。

私がアトリエに使っている、マドリードの古いアパートの四階の壁に、冬の長雨で雨水がしみ出して来たので、修理を頼んだら彼が来たのである。

「ふーん、こりゃ大変だ。壁を掘って中に通っている雨ドイを見つけなくちゃならない」

と彼は言った。そんな大工事は私は嫌だ。

「この壁は厚さが七十センチはあるよ。これを掘るのかい？　それより新たに外側に雨ドイを作った方がいいんじゃないの?」

「とにかく掘ってみよう。この建物は百五十年は経ってるから、壁はレンガとしっくいでさぞ固いだろうな」

百五十年のうちの二十年余りは私が占めているのか、と思うと感無量である。

翌日、アルバロ君は部下の南米人をつれてやって来た。アルバロ君の指示で、南米人はハンマーと小さなつるはしで黙々と壁をこわしにかかった。

一方、アルバロ君は色々と私とおしゃべりをするのである。

「君は何をしているの？　あん、絵描きか。アーティストだな。おれもアートは好きさ。今は映画の脚本を書いている。といっても、仕事が終わって家へ帰るまでの間、バスの中でボーッと色々空想するだけのことさ。家へ帰ると、それを女房にしゃべるんだよ。女房はそれをタイプする。彼女はそれが好きなんだ。それをしないと退屈なんだな。ま、もちろんそれが映画にならなくたっていい。友だちとビデオに撮ったっていい。皆喜ぶぜ。お前はこの役、君はこの役ってやらせるとな。おれは何でも空想してるのが好きなんだ。それと、こうやって人としゃべるのも好きさ」

「そいつは言わなくてもわかるぜ」と南米人が笑いながら、壁からふりむいて言った。

私は南米人の名と出身地を聞いた。彼は、「おれはギド。ボリビア人さ」と答えてから、「アルバロ、この壁はハンマーとつるはしじゃダメだ」と言い、下から削岩機を持って来た。

電動の削岩機がものすごい音をたてて壁を削って、とうとう奥の方に古い鉛の雨ドイを掘り当てた。アルバロ君は壁の穴をのぞきながら、

「ふむ。こりゃ古いや。雨水はここから出て来たんだな」と言う。

「しかしここからこっちまでは六十五センチもあるぜ。よくそんなにしみ通ってくるもんだなあ」と私は感心した。そこでアルバロ君が「水がしみ通らないものなんてないよ」としたり顔で言った言葉は、なかなか哲学的に聞こえて、私の気に入った。しかし彼はすぐ次のようなことを宣告したのである。

「この鉛管は古くてもうダメだから、床から天井まで、全部掘り出してプラスチック管と取り替えなくちゃならん」

私は絶望的な気持ちになった。とりあえず雨もりの部分だけを直せばいいではないか。が、彼は、他の部分もすぐにこわれて洩れてくる、と「プロの立場」から言い張るのだ。雨ドイの修理費は共同費で出る。で、私は渋々承知をした。

再び削岩機がうなり出し、騒音でおしゃべりが出来なくなったので、アルバロ君は鼻歌を唄いながら帰って行った。私は、雨後の西日に光るもうもうたる砂ぼこりの中で、ぼう然としていた。

南米のボリビアからスペインに出稼ぎに来ているギド君は、二十七、八歳で、中々りりしい顔立ちをしている。

二十五歳のスペイン人親方アルバロ君の指示で、雨漏りを直すべく、十キロはある機関銃みたいな削岩機で、私のアトリエの壁を掘りすすんでいく。それはほれぼれするような力強さである。

「アルバロはこの工事に四日かかると言ったが、おれは二日でやる。おれはスペイン人みたいにのろのろ仕事をするのはいやなんだ」と言うだけのことはある。時折、水を飲むために手を休めるだけだ。

「おれが生まれてはじめて海を見たのは二十歳の時だった。ボリビアには海がないんだよ、知らなかったかい？　ペルーへ行った時見たんだ」
「へええ。でもおどろいたろう、はじめて海を見た時は」
「おどろいたさ。おおお、これが海かって、半日ぼうっと見てた。何しろボリビアは全部山なのに、これは全部水だからな、ハハハ。知ってるか。ボリビアは十五年前まではコカの葉（麻薬の原料）の産地だった。コカはおれたちには聖なる物だったんだ。ところが、札束の袋を積んで来た飛行機に、コカの葉の詰まった袋を皆で大急ぎで積み込むようになった。皆その金で生活してたのさ。おれはそこで卵を売ってた。ある時アメリカの部隊が来て、コカを全部焼き払った。そしたら、金も仕事もなくなり、卵も売れなくなった。男たちは、皆外国へ出稼ぎに行かなくちゃならなくなった。家族を置いて何年もさ。おれはアルゼンチン、ペルー、アメリカへ行った。あんたの国（日本）へ行った友だちもいるよ」

「友だちは日本は暮らしやすいって言ってるかい？」

「知らないね。それっきり会ってない。そうそう、以前おれはタクシーの運転手をやろうと思って、ペルーへ車を買いに行ったんだよ。日本車の中古さ。それでボリビアへ乗って来て、右ハンドルを左につけ替えると、なんと高く売れたのさ。で、タクシーはやめにして、日本の中古車を運んで来ちゃ売ったよ。でも、それは法律で禁止になった。だからまた出稼ぎさ」

それからギド君は、アルゼンチンの工場主に信頼されて、もっと居てくれと頼まれたこと、それを断って妻子の待つ祖国へ帰って、丸一か月遊んで暮らしたこと、スウェーデンへ行こうと思ったが言葉がわからないのでスペインに来たこと、などを話した。私が「いつ帰るんだい？」ときくと、とたんに悲しい不機嫌な顔になって、「わからん」と小さな声で呟《つぶや》いた。

ギド君はまた削岩機を取り上げて、壮大な騒音と砂ぼこりを立てはじめた。私はふと気になって、バルコンから身をのり出して外壁をのぞいて見た。すると案の定、いくつかの小さな穴が見つかった。つまり、むこう側へ掘り抜いてしまったのだ。

ギド君はそれを見ると、スペイン人なら両手を広げて天を仰ぐところ、黙ってうなだれた。そして、そそくさと帰って行った。これはスペイン人と同じである。

とうとうギド君は、削岩機で私のアトリエの壁を床から天井まで掘ってしまった。その壁は百五十年物のレンガとしっくいで固まっており、その一番奥、つまり外側すれすれのところに、古い鉛の雨ドイが上下に走っていたのである。何のことはない、壁の外側から埋めたものだったのだ。

ギド君はそれを取り替えるべく、全部露出させた。穴はつまり、上下三メートル余。幅四十センチ、奥行き六十五センチ。

ギド君がいなくなった夜、雨が降った。もともと雨もりは一か所だけだったのに、ギド君の大活躍により、古い鉛管はあちこちに削岩機の刃先を受けて穴だらけになっている。そこへけっこうな大雨であった。

破れた雨ドイから、シャラシャラ、と懐かしい小川のせせらぎほどの、ものすごい量の水が飛び出してきた。大いそぎで、ビニール袋の切れっぱしやら、デッサン用の練りゴムやらを穴に詰め込んだら、何とか止まった。しかし、このあとどうなるのであろう?

数日後、親方のアルバロ君とギド君が来た。スペインの工事人はいくつも仕事をかけもちしており、苦情の多い順に巡って歩くので、なかなか毎日など来るものじゃない。アルバロ君は、ちょっとユーモラスな顔をしているくせに、上下に走る大穴を眺めて、偉そうに言った。

「ふーむ。こりゃ上と下の階の管も掘り出さないといかんな」

「おいおい、冗談じゃないよ。それじゃ床と天井にも穴を開けるのかい?」

「そういうことになるな」

「その穴から上と下の住人にあいさつするってわけか」

最も悲惨な状況でこそ下らぬ冗談を言わねばならぬ習慣を、私はスペイン生活で身につけた。アルバロ君とギド君が笑った。

「ちょっと上と下の階の住人に話してくる」

とアルバロ君は出て行った。私はため息をつき、ギド君は軽く肩をすくめた。お気の毒、という感じ。

やがてアルバロ君は憤慨しながら戻って来た。

「上の階は不在。下の階の婆さんはエゴイストだ」

「何で?」

「あたしんちは一滴も水は洩ってないから指一本さわられるのは御免だとよ。一歩も家に入れてくれなかった」

それも正しいように思われる。いや、それこそ正しいのではないか? 私ははじめて、この工事の愚かさに気がつきかかっていた。しかし、アルバロ君に従わなければ、もはやこの大穴の始末はつかないではないか。私は軽いめまいに耐えながら言った。

「下の婆さんは、むかしっからとんだエゴイストさ」

言いながら、私はぼう然としていた。


そもそも、この「ぼう然癖」が悪いのである。階下の、小肥りのおばさんみたいに、人を見ればノォ！と言わねばならないのだった。

日本人は、人を見れば「はい」と言う。先方が何を言っているのかよくわからなくても、とりあえず「はい」と言う。教育の成果であろう。タクシーに乗って、何だか知らないけれど、シィ（はい）シィ、と言っていたら、運転手の家に連れていかれそうになった女性もいる。まことに、日本文化である。
これが今回の敗因であった。

私は長年スペインにいるので、この「はい癖」はもうない。ただ、スペイン人の発想というか、物事への対処の仕方が、一人一人の強烈な個性、つまり一人よがりによって歪んだり、ねじ曲がったりしているのが大変面白いので、その先を体験したいばっかりに、つい、ふむふむと話を聞いてしまうのである。

自信たっぷりの、陽気な親方アルバロ君であったが、百五十年前の鉛管を全部、私の壁のみならず上階と下階の分まで掘り出して取り替えようという、コロンブス以来の大計画は、上階の不在と下階のおばさんのノォにあって挫折しつつあった。アルバロ君は困った。困ったが、長く困ったままでいるのは苦手らしく、すぐに帰って行った。私はまたぼう然とした。

数日後、アルバロ君は風呂上がりのような顔をして、部下のボリビア人ギド君を連れてやって来た。

「この工事は大変すぎる。いずれ新しく外側に雨ドイを作ろう」

それは私がはじめから何回も提案したことである。私は怒りにふるえたが、こらえて言った。

「じゃ、この穴は無駄だったわけか」

「仕方ない。また埋めるよ」

「何てこった《ホデー》！」

と私はうめいたが、わめくのはやめにしておいた。ここでアルバロ君の機嫌を損じたら、彼はいなくなってしまうだろう。私は穴を埋めてもらいたい。

ギド君が下から新しいレンガとセメントを運んで来て、どんどん穴を埋めはじめた。鉛の雨ドイは、削岩機による穴だらけのまんま。その穴は、私がつめ込んだビニールの買い物袋と練りゴムを、丁度鼻血止めにつめ込んだチリ紙のような具合にしたまんま、である。

一体このたびの雨もりの〝修理〟は何だったのであろう。全くの徒労である。しかし、アルバロ君もギド君も、ひとこともそんなことを口にしない。いや、ひとこと「無駄」を口にしたら最後、じゃその責任は誰にあるんだ、ということになってしまう。アルバロ君の責任、なのはみな知っている。わかり切った迷路は、黙って歩くしかない。

自分のせいで、あまりかんばしくない結果を招いてしまった時、スペイン人だったらどうするか？

知れたこと。全スペイン人四千万は、口をそろえて答えるであろう。

「他人のせいにする！」

たった一か所の雨もりを直すのに、壁を全部掘り抜いたアルバロ君は、それが全くの無駄だと悟った時、こう言った。

「大体、このアパートは住人が悪いよ」

きたきた、と私は苦笑する。

「いや、君は別だよ。しかし下の階の婆さんはエゴイストだし、その下の階はもっと悪い。あすこの雨もりはもっとひどいんだ。その分わめくんだよ。うんざりだぜ」

部下の南米人ギド君は、運んできた新しいレンガとセメントで、せっかく掘った大穴をまた黙々と埋めている。しかし、半分も埋めないうちに、材料が尽きてしまった。アルバロ君が頬をふくらませて言う。

「事務所の上役のパコが悪いんだ。おれはもっと材料が要るって言ったのによ。仕方ない、また明日《マニャーナ》くるよ。

材料さえそろえば、おれ一人で十分だ」

翌日は、来なかった。やっと彼が姿を見せたのは数日後の朝である。下の道にぽつんと立っているのが見えたので、降りて行ってあいさつをした。

「おはよう。元気かい」

「おはよう。今、パコを待ってるんだよ。レンガとセメントはもう届いてるんだが、コテと作業着を忘れたんで、車で取りに戻ったんだ」

「それは君が持ってるんじゃないのか?」

「いや、毎朝奴が届けて来るんだよ。盗まれないように事務所が保管してるんだ」

たしかにマドリードは泥棒が多い。削岩機も盗まれたことがあるという。

「でも、コテと作業着ぐらい君が自分で持ってりゃいいじゃないか」

「おれもそう思うよ。いいかい、朝おれが家から現場に着いたら事務所へ電話する。するとパコが、すぐ行くと答えて車で道具を届けてくる。三十分かかる。ところが奴はたいてい忘れ物をする。で、取りに帰って、また戻って駐車スペースを探して、一時間から一時間半」

「馬鹿げてるじゃないか」

「馬鹿げてるよ」

「コテくらいなら今おれが自前で買って来るよ!」と、私はほとんどどうなりながら言った。すると、汚れたジャンパーとジーパン姿のアルバロ君が、

「じゃ、作業着は?」

と言ったので、私はのけぞりそうになった。

マドリードの私のアトリエ
（「百五十年目の雨漏りで来た男」）

ボリビアのギド君
(「百五十年目の雨漏りで来た男」)

アルバロ君
(「百五十年目の雨漏りで来た男」)

「百五十年目の雨漏りで来た男」

「百五十年目の雨漏りで来た男」

「百五十年目の雨漏りで来た男」

スペインの八重桜
(「車イスの理由」)

「計算嫌い」

「シンデレラ君、おれのズボンをかすよ！」

「ハハハ、いいよいいよ、もう少し待ってみるよ、おちつけおちつけ」

「ああ！　君らは何てスペイン的なんだ！」

「え？　何故だい？　悪いのはパコなんだぞ」

私は、朝から疲れた。「じゃおれは室で待ってるよ」と言って、室に戻った。とうとうその日、アルバロ君は上がって来なかった。


スペインの女性ほど嫉妬深い生命体は、他にないのではないか、と私は固く信じている。理由は、まあ、少しはあるが、別に言いたくはない。ところでここに、わが愛すべき若い左官職人のアルバロ君が、もうひとつの証言をしてくれた。

先だっては、左官の道具を届けてくれるはずの上役に待ちぼうけをくわされ、帰ってしまったアルバロ君であった。

数日後の今朝もまた、アルバロ君は上役を待って、道端でぼうっと立っている。やるべき仕事は、私のアトリエの壁の大穴の残り半分を、元のように埋めることだ。

アルバロ君は、私に向かって間抜けな上役の悪口を言っていたが、そこへ、若い、ちょっと美しい女性が通りかかったので、たちまちその後ろ姿に向かって、「一緒に花園へ行こうよ！」と声をかけた。こういうのをピロポと言う。必ずしも下品な風習というわけではない。女性の方もそれを楽しんでいる。

彼女が無視して行ってしまうと、「ああ！　いい女が欲しい！」と、彼はうめいた。

「だって君には女房がいるんだろう？」

「女房じゃない。結婚はしていない。でも息子がいる。結婚は紙切れだ。嫌いだね」

「彼女も紙切れが嫌いかい?」

「彼女は欲しがってる。彼女の両親もさ。でもおれはもう別れたい。ものすごく焼きもちやきなんだ。五分でも遅く帰ると何故? 早く帰っても何故? いつも嫉妬してる」

「スペインの女はみなそうじゃないか」

「そうさ。日本の女はどうだ?」

「たまに叫ぶ程度さ」

「それならいい。日本の女にしよう」

「嫉妬と愛は裏返しだって言うぜ。君は愛されているんだよ」

「あれは愛じゃない。エゴイズムだ」

「じゃ、逃げ出すんだな」

「おれがいなくなった後の彼女を想像すると……出来ないよ」

「それを名づけて愛《アモール》、アモール!」と私はうわの空で歌ってみた。

アルバロ君は、ちょっと考えて、鼻で笑った。


その後、やっと上役が道具を運んで来、私のアトリエの壁の悲惨な大穴は埋められていった。私はふと思いついて、このたびの愚かな雨もり修理のてんまつを日本語で小さな紙片に記した。それをフィルムケースに収め、壁に埋めるようにアルバロ君に頼んだ。

「これは何だい?」

「壁を掘った記念さ」

「記念か。ハハハ、そりゃ良い考えだ」

しかし私は、その最後の一行に、どうしても次の文句ははずせなかった。

「アルバロの馬鹿！」

車イスの理由

春、というより、まだ冬の真っ盛りというような寒いころ、日照時間のほんの少しの変化を敏感にとらえるようにして咲き出すのが、アーモンドの花である。

マドリードの長い寒い暗い冬（意外に思われるかもしれない。が、マドリードは盛岡と同緯度で、しかも海抜六百余㍍の高地である）に打ちひしがれたスペイン人たちの意地悪な眼差《まなざ》しに耐えられなくなったころ、赤土の丘の斜面や公園の片隅に、白く輝く可憐なこの花を見つけて、どんなに心が慰められることか。

アーモンドにつられて他の花々が咲き揃ったあと、桜が咲く。モコモコとピンクの団子のような花が、葉と共に枝に並ぶ。これが、郊外の私の住居近くの道路に沿って咲く、八重桜である。

公園のあちこちや、ロータリーの円の中にも三色すみれや、小さな花々が植えられる。人々はようやく目に微笑《ほほえ》みをとり戻して、それを眺めるのである。春が来たのだ。

それから聖週間（復活祭）までの間は、ことによっては半袖シャツでも暑いくらいの日が続く。夕方になると、毎日、人々はちょっとめかし込んで、町の目抜き通りを夫婦や家族づれで散歩する。パセオ、という。

それは、うちはこんなに幸せですよ、という秘かなデモンストレーションでもある。

「珍しく家でごろごろしてるのね。せっかくだからパセオに出る？　うちにも亭主がいるってところを見せなくちゃ」

と、ある日、妻（日本人）が言うので、新しい靴をはいて出かけた。何をするのでもない。ただぶらぶらと、他の庶民と同じ様に、幸せそうにリラックスして、腕をからめて歩くまでである。店はもう皆閉まっている。カフェとバルだけは開いているが、人々はたそがれ時の外気を楽しんで、春を歩くのである。

犬を抱いて、車イスを自分でこいで来る中年男がいた。思いがけなく妻の名を呼んであいさつをする。

「やあ、これが旦那か。いつも話はきいているよ。会えてうれしいよ」

力強い握手。誰それは元気か、とか、今度メキシコ旅行をするんだ、とか、しゃべる声が底抜けに明るい。

「八千㌔か九千㌔だよ。大旅行さ、ハハハハ」

彼の両脚は腿《もも》の付け根からなかった。

別れて、パセオを続けながら妻が言う。

「あの人は糖尿病で脚を切られたんだよ」

「糖尿病って脚を切ると治るのか？」

「間違えて手術されてしまったの」

一瞬私は歩みを止めた。くらくらした。

「間違えて！……うーむ。絶望したろうなあ。何年前のことか知らんが」

「ああやって明るい人なのよ。えらいよ」

道端の八重桜のむこうに、夕暮れの空が深い群青色である。

私の頭の中では、「間違えて両脚を切られた」という文句がぐるぐると巡っていた。

計算嫌い

世にある沢山の嫌なもののうち、ま、人間についてはさておき、私にとってのベストスリーは、一に計算、二に支払い、三に買い物、であろう。

ところで、これらの悩みが束になって押しよせるのが、ラストロ、日曜毎ののみの市である。

マドリードのそれは、近所なのに私はもう何年も行っていない。マドリード中のスリと、アルジェリア難民の強盗団が集うからでもある。たのまれても行かない。

セビージャ（セビリア）へ旅したら、宿の前がラストロであった。沢山の人々がむき出しの黄色い地面の上に集って、もうもうたる砂ぼこりである。

朝食をとりながら、宿の女主人と眠い会話を交わした。

「ラストロか。ああ、今日は日曜日だったんだ。ここのは安いのかしら？」

「まあ、いろいろありますよ。歩いてみたら」

「いや、やめとくよ。歩けば何か買っちゃったりして、荷が重くなるからね」

宿を出て、気づくとラストロの中を歩いていた。地べたに薄っぺらいものを敷いて、その上にガラクタを並べている。一応骨董めいたものもあるが、大むねは割れた壺だのレコードの破片だの古雑誌だのマリア様の下手糞な絵だのと、凝視すると頭痛のしてくるようなものばかりである。ヒターノ（スペインのジプシー＝ロマの自称）のお兄さんやおねえさんやおじいさんが、投げやりな様子でそばにいたりいなかったりである。ある店（汚い黒い布一枚なのだが）に、古いらしいタイルがあった。染付けで、家が描いてある。素朴な絵が楽しい。私はそれを随分長いこと凝視していた。迷っていたのである。が、誰もマドリードのラストロのように声をかけて来なかったので、欲を収める時間があった。

散漫に並んだ店の間を数メートル行くと、せっかく沈殿した欲をかき回すように、同じような古タイルばかり並べた店があって、面白い手描きの文様のが二枚、私の目を射た。顔を上げると、ヒターノのお兄さんと目が合った。先方はニヤリとした。「それいくら？」と指さすと、彼は運動靴の先でそのタイルを踏んづけて、「これかい？」と言う。「五百だよ」

安い！と思った途端目がくらんで、ラストロはまず半値まで値切れ、を忘れてしまった。あまつさえ、小鳥を描いた小さなタイルは二百だと言われて、吸い込むように十二枚も買ってしまい、別の美しい大きなタイルは「十七世紀物だよ」と言われ、嘘つけ！と思ったが値段をきいたら、「全部で五千でいいよ」と言われてハタと我に返った。私の中では、五百と二百のものを数枚買っただけという計算だったのである。

小学生の頃、算数が出来ずに居残りさせられたのを思い出した。中学、高校と、数学は0点だったのを思い出した。本当に0点だったのだ。そして今、私は、何故急に五千という大金額が出現したのかわからず、小学生の時のように、ただ、下を向いて立っていた。

美貌のマリアに涙する

セマナ・サンタ（聖週間＝復活祭）について書くのは、いささか頭が痛い。このスペイン最大の祭りは、各地であまりにも熱狂的に催されるものだから、それを描写するためには、こちらも似たようなテンションにならなくてはうまくいくまい。私は今、マドリードで静かな夜をすごしているというのに。

この祭りは、二千年前にキリストが捕えられ、殺され、復活するまでの一週間を、及ばずながら追体験して、信仰を新たにしよう、という趣旨であるらしい。各教会にあるキリスト像やマリア像を山車やみこしにのせ、市内を練り歩く。その前後を善男善女が罪人《つみびと》の格好（ナサレーノ＝とんがり帽子付きの目出しマスクをかぶる）をして、行列を作って従うのである。

南のアンダルシア州都、セビージャのそれは、その大規模と狂騒において有名である。

そもそもセビージャは、世にも美しい都である。一九九二年の万博によって、随分現代的に変化、又は破壊されてしまったが、まだまだその古風な美は、景観にも人心にも残っている。

美女の多くがナルシスティックであるように、八十万住民全部がセビージャを愛している、いや恋している。これがやっかいなのだ。つまり何かにつけ排他的になるのである。で、近隣の町からは評判が悪い。

「セビージャは素晴らしい町さ。セビージャ人さえいなければ」

などといわれる。

私が人々に立ち混じって行列を眺めていると、「チノ！　あっち行け！」と婦人がどなったりする。チノとは中国人という意味だ。

お祭りは、セビージャ人の自己愛、郷土愛、家族愛の爆発であって、我々外国人に見せるためのものではないから、この程度のことは泣き寝入りせねばなるまい。もちろん、ふだんはこれほどのことはない、ちゃんと礼儀も心得ているし、親切でもある。こちらがしおらしくさえしていれば。

それじゃセビージャが嫌いかと言われれば、とんでもない、大好きだ。セビージャ人がいてさえも。

ナルシスティックでエゴイスティックなゆえに、恐ろしいほどに荘厳で美しい、このセマナ・サンタ！十年に一度、私は見る。今回で二度目だ。本当はもっと見たい。この週、町中のホテルの料金が倍になりさえしなければ。

市内はバスもタクシーも通れない。五百人から二千人の行列が百以上も、昼も夜も行進しているからだ。

ほら、またむこうから調子っぱずれのトランペットと、のんびりした太鼓がきこえて来た。人々はしかしそちらへ向かうでもなく、おしゃべりしながら沿道に立って待っている。やがて、もうもうたるお香の煙に包まれて、どこかの教会の聖母マリア像（そのほとんどは十七世紀作の木像である）をのせた巨大なみこしが姿を見せた。銀の柱に緞子《どんす》の天蓋《てんがい》。百千のろうそくを昼夜灯《とも》した聖母のみこしは、屈強な若者三十六人衆にかつがれて、ゆさゆさと揺れながらやってくる。それがあたかも軍艦のように、わが身の傍らを通過してゆく時、人々は最後の審判のラッパの大音響を耳にし、美貌のマリアに、本当に、涙するのである。

アンダルシアの都セビージャに、ヒラルダと呼ばれる巨大な、アラブ時代の塔がある。この町の象徴である。美しい。建築とは美しいものだ、とつくづく、見るたびに思い知らされる。

セビージャには、各町内のおらが聖母が一番美しい、という思想と、ヒラルダこそ世界一美しい、という思想しかない、と言ってもあんまり怒る人はいないであろう。ヒラルダは、深く人々の魂にその姿を刻み込んで、取れない。美の規範となっている。それはまことに頑固なものである。たとえば、日本人の心には、なかなか頑固に富士山の姿が宿っている。「神の国」などと国会議員が口をすべらせてしまう時には、きっとこの山の神々しい映像が脳裡に明滅しているに違いないのである。

さて、聖週間《セマナサンタ》の祭りに出るマリア像ないしキリスト像のみこしは、全市で百以上もあるのだが、何トンもあるこれらをかつぐ若者たちはコスタレーロと呼ばれて、文字通り、縁の下のヒーローである。重いので、息を合わせてよろよろと二十㍍も進むと、降ろして休む。そんな折、近くのバルコンからサエータとよばれる無伴奏の独唱が、マリアやキリストに向かって歌われる。イスラムのコーランのような肉声が、夜空にひびくそのほめ唄の美しさはたとえようもない。

スカート状の幕の下で外界の見えないコスタレーロ達の先導の役を、町内世話役の親爺《おやじ》が、声を嗄《か》らしてつとめる。

「さあ！　勇者たちよ！　立ってくれ！　全セビージャのために！」

何であれ、私は「全」というのが嫌いである。全セビージャ、の中に私は含まれない。「全」というのはその程度のことで、「全人類」といったって、それはそう叫ぶ者にとっての人類である。「全」で唯一信じられるのは、

「全部嘘」

だけである。

とたんにみこしは、元気よくゆすり上げられて一瞬宙に舞い、ろうそくやらカンテラやら、銀の柱やら天蓋やら、はては十七世紀作のマリアやキリストの木像まで激しく揺らして、ガッチャン！　などという音さえもたてて、再び若者たちの双肩の上に落ちかかる。そしてリズミカルな歩みと共に、ゆさゆさとゆれながら、不気味なほどに巨大な銀色の軍艦となって、狭いセビージャの街路を、もうもうたるお香の煙を巻いて、大行列と共にゆっくり立ち去ってゆくのである。

そのうしろを楽隊が行く。市の中心を流れる大河グアダルキビールの橋の下で毎日練習を積んだ、青少年達のトランペットやコルネットや大小の太鼓が、かくも鍛錬したのに何故に？　と思われる程の調子っぱずれを時に奏でつつ。

ああ、しかし、その調子っぱずれこそは感動的である。彼らは、ついに晴れの日、美しきマリアや悲痛なるキリストを賛嘆の余り、心が思わず上ずってしまっているのである。

「アルテ（芸術）は間違えられねばならぬ」

というアンダルシアの金言の意味が、ここにある。

世に有名な、マカレーナの聖母のみこしは、聖木曜日と聖金曜日の境目、つまり夜中の十二時半に出る。

それより一時間も前から、セビージャの町はずれ、ラ・マカレーナ聖堂の前の広場と環状道路は、数千から万余の人で埋まる。

人々はぎっしり立っておしゃべりをしながら、延々と聖母の出現を待つのである。先に来た人ほど、聖堂に近いところにいる。立ったままで皆次第に気分が悪くなる。しゃがみ込む若者もいる。野次馬《やじうま》気分の楽しさがだんだんなくなって、つらくなってくる。ため息が何百回も出る。

その時、人は悟るのである。今日は、キリストの受難の日なのだ、と。

もう十二時半をいい加減過ぎたころ、ラッパが鳴りひびき、聖堂の奥からしずしずと、まず、捕えられてむち打たれるキリスト像（一六五四年作）のみこしが現れる。そして、ナサレーノたち、長蛇の列となって千メートルも先に並んで待っていたものが、ずるずると動きはじめる。

そのみこしが通過すると、いよいよ、マカレーナの聖母のお出ましである。こちらの方が人気がある、というかこちらが真打ちなのだ。フラッシュがたかれ、テレビ中継用のライトが点灯され、大歓声があがる。その中、右横の家のバルコンから、身をのり出して、サエータを唄う男がいる。人々は次第にしずまって、その荘重な肉声に耳傾ける。終わると盛大な拍手の中、また吹奏楽団のラッパが鳴りひびき、太鼓のゆっくりしたリズムの中を、聖母のみこしが、三十六人の若者の肩の上で左右に小きざみにゆれながら、大群衆をかき分けて、門をくぐって、こちらへ来る。拍手、拍手の嵐。

この瞬間こそ、セビージャの民衆の感極まる時なのである。

「マカレーナッ！　グアパ（美女）！　グアパ！　グアパ！」

と人々は叫ぶ。十七世紀バロックの極み、渦巻く金糸銀糸の緞子の天蓋や、ぐるぐる巻きの唐草のカンテラや、黄金の冠、水晶の涙。信仰の厚さを金銀の布の厚さにあらわして、バロック精神が、今日これほどに生き生きと、民衆の熱情によって支持されているとは！

セビージャこそは、生きた十七世紀、バロックのネス湖だ、と私は思っている。人々の生活上の美意識に至るまで、まことに過剰、渦巻くバロックなのだ。

そもそも、スペイン中の庶民の家で、まず目に入るのは、玄関におかれたバロック風に渦巻く模様で一杯のキャビネットや飾り棚だ。シャンデリアも鏡もタンスも、全部、端々がうねって渦巻いてやまぬ。

その総元締が、これら十七世紀作のマリア像たちなのだ。その総本山ともいうべき、このマカレーナの聖母である。今日なおスペイン銀行の地下に眠るという、新大陸から収奪した金銀を貼りつけた、美しい巨大なみこしが眼前を幽霊船のように過ぎる時、極東の異教徒私は、その荘厳さに思わずゴクリと唾を飲み込んだ。ふりかえると、セビージャ人たちは皆、若者に至るまで、泣いている。

宿で朝食（といってももう正午だ）をとって、ぶらぶら外へ出てみると、ラッパの音が聞こえる。マカレーナの聖母のみこしが、徹夜でセビージャ市内を巡って、聖堂へ戻るのが午後一時半だという。こりもせずまた行ってみると、出発時と同じように、万余の人出である。結局、聖母のみこしがお堂に消えていくまで見てしまった。

むこう向きに進んでいたみこしは、お堂の前の狭い空間でしずしずと向きをかえ、ちゃんと顔をこちらへ向けて、お尻の方から入って行くのである。一旦入ってしまったとみるや、また楽隊の音と共に出て来て、二、三度アンコールをしてから入っていくのが、何ともいえず、アンダルシア的人間主義で可愛い。マリア様は神様なのではなく、彼らの母、つまり人間なのだ。また、来年ね。

市内の交通は一切しゃ断されているから、春の日盛りを一日中歩いていることになる。いくつものキリストやマリアの行列に出会う。何が面白い、というのではない。のろのろと、二十㍍ごとに休みつつ進む重いみこし。その上にのっているのは、古いバロック時代の木像。眺めていても何が起こるわけでもない。行列のナサレーノ達も、長いろうそくを杖がわりにして、退屈そうに従っているにすぎない。そして妙にのんびりした太鼓と、調子っぱずれのラッパの楽隊。

人々はトリハという、甘く濡れたトーストを肉替わりに食べるが、私は異教徒だから知ったこっちゃない、不信仰なおじさんおばさん達に立ち混じって生ハムを食べる。

そんな退屈な行列が、日が暮れかかるとがぜん力が入り始める。やっていることは昼と同じなのだが、みこし上をぎっしりうめるろうそくが美しく輝き、あちこちのバルコンからサエータが唄われ、人々の拍手が、もうもうたるお香の煙と共に渦巻く。

ふと、むこうから来る行列の名をきくと、エル・カチョーロのキリストだという。この十字架上のキリストの木像は十七世紀の傑作である。キリストが天に向かってあえいでいる。凄くリアルな彫刻で、私は好きだ。

結局一夜、私はこのキリストの脇をついて回って、四時間も痛くなった足をひきずったのである。異教徒なのに。

エッフェルが作った鉄の橋を渡ってトリアーナ地区の細い街路に入ると、すでに午前二時。一切の街灯は消されて、ただみこしのろうそくの灯だけがゆらめく。人々は十七世紀の闇の中でささやきかわし、ぞろぞろと歩くのみである。時折、静寂の中にサエータが起こる。男もあり、女もある。誰でもない、裸の魂ひとつひとつが唄うのである。夜空にその声が消えていく。出発を促すノッカーの音。トランペットとコルネットの楽隊の、もの悲しいメロディー。

中に一人、コルネット吹きのうまい少年がいた。いよいよキリストが入堂する直前、彼は、か細く消えゆくろうそくのような、長い長い長い、途切れぬすすり泣きの一音を吹いた。人々は思わずもらい泣きをし、そのあとを百余のトランペットが襲い、嵐のような拍手の中、キリストは堂内に消えていった。

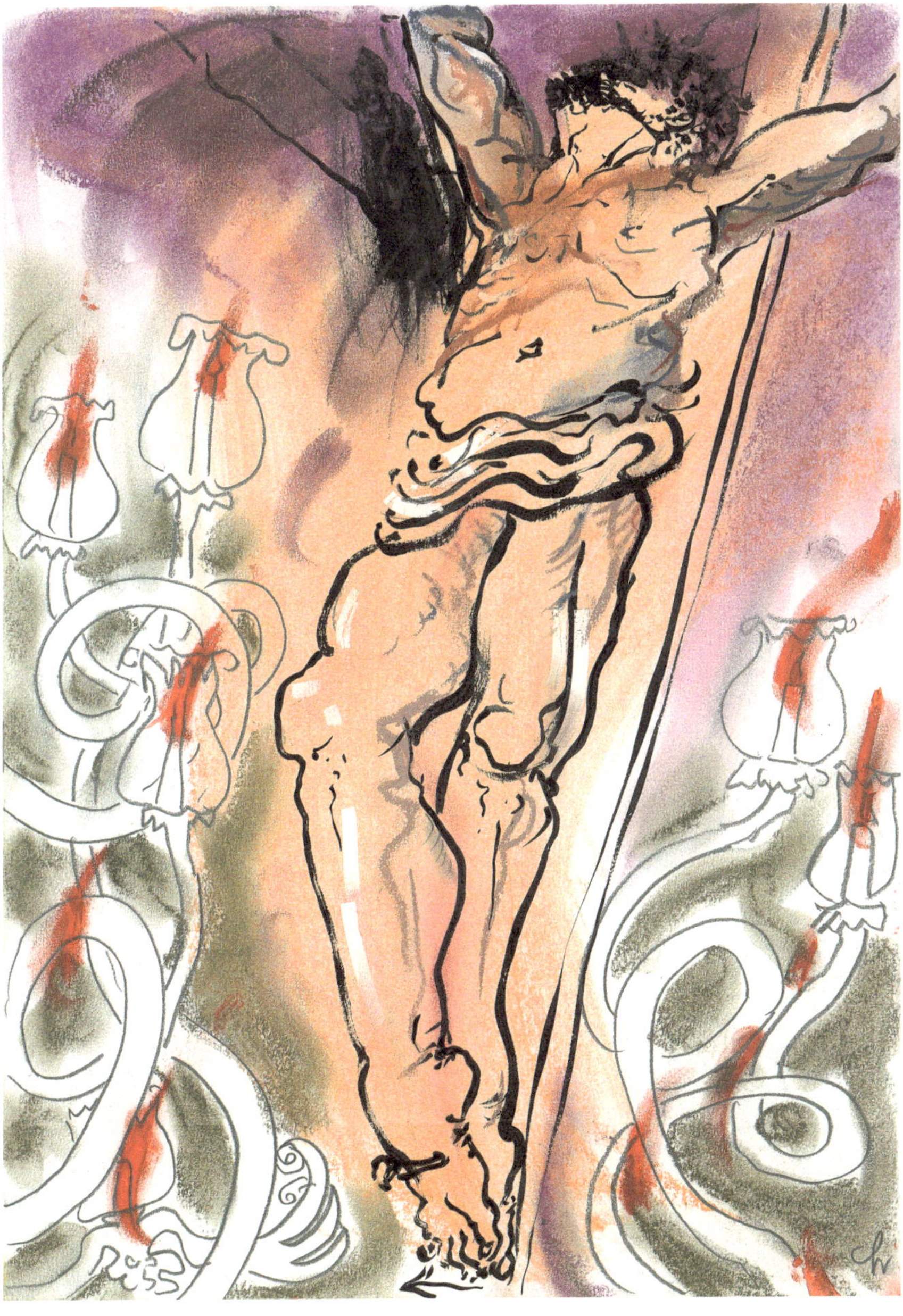

エル・カチョーロのキリスト
(「美貌のマリアに涙する」)

「美貌のマリアに涙する」

マカレーナの聖母
（「美貌のマリアに涙する」）

「美貌のマリアに涙する」

闘牛のよだれ
(「“闘牛通” 狂想曲」)

「“闘牛通” 狂想曲」

エル・ビッティ
(「"闘牛通" 狂想曲」)

闘牛熱

(「“闘牛通” 狂想曲」)

〝闘牛通〟狂想曲

春だ。

いざ、闘牛場へ。

ダフ屋の親爺《おやじ》から六千五百《ペセタ》（六千円弱）で買った切符は、今日、命の次に大事である。素晴らしい闘牛をみると、鳥肌が立つ。素晴らしい闘牛は、常に三つの条件を満たさねばならぬ。一、良い雄牛。二、良い闘牛士。三、闘牛場に居る私。

　開演三十分前には、手に手に命の次に大事な切符を握った闘牛の亡者達が、殺気立って闘牛場に押しよせる。席は指定なのに、一刻も早く自分の席を確保したいのだ。背もたれもない石の段にぎっしり並ぶから、あとから行ったら大変である。まして、闘牛の開始時間の正確さときたら、日本の国鉄、このごろではＪＲというそうだが、に勝る。公示時間きっかりに扉は閉ざされ、遅刻したら六頭中の一頭を見損なうのだ。

　入り口で小さな座布団が貸し出される。百五十《ペセタ》。これをケチると三つの損がある。一、尻が冷える。二、後ろの人の靴が尻に当たる。三、闘牛士がヘボの時でも抗議出来ない。もちろん、この用い方（投げる）を私はしたことがない。

さて、すでにぎっしり座った観客の足の間をぬって、やっと自分の席に着いた。目の前に、まっ黄色のアルカラ村の砂を敷き固めた円型の土地がある。闘牛場の座席はどこでも最悪だが、この黄色い小さな地平線は、大きく息を吸い込みたいほどにすがすがしいものだ。ちなみに、ダフ屋は日陰席と言ったのに、そこはまさに日向席だった。まぶしい。

あと五分で開始、という頃、石段のむこうから、人々の迷惑もかえりみず、沢山の膝頭をまたいで、家族思いの親爺が席を立って来たりするものだ。何をするのかというと、通路のコーラ売りから四つ五つのコーラの缶を買って、それを抱えてまたはるばると自席へ戻るのである。その水分のおかえしは、スペイン人の膀胱が大きいおかげで、無いのは幸いである。

私の左隣の〝闘牛通〟らしい頭髪の少ない老人がそれを見て、「何とまあ、やれやれ」と呟いた。ここに〝家族〟は似合わないのだ。

やがて調子っぱずれのトランペットが鳴り響き、三人の闘牛士が登場してあいさつし、板塀のむこうに一旦ひっこむ。そこへ一頭目の雄牛が飛び出してくる。「おお!」観客はこの目ざましい一瞬を喜んで、どよめく。闘牛好きの親爺達（淑女も多いが）は、しかし冷静に牛の欠点と長所を見つけようとして口をつぐむ。だから、一番目の闘牛士が出て、ピンクの布（カポーテ）で何度か牛をやり過ごす数秒間、闘牛場はシーンと静まり返るものだ。

最初の数分が過ぎると、〝通〟たちは口々に牛を論評して呟く。他説が自説と相違すると、親爺たちはたちまちまっ赤になって口論をはじめる。勝負があるわけでもない、賭けをしているわけでもない。純粋に牛の良否、闘牛士の技の適否、芸術性の高低、などなどについて、アンダルシアの夕陽を浴びて、闘牛そっちのけで激論する、この情熱は一体何なのだろう？

すぐ七列前で荒れ狂う雄牛のよだれが、長い糸になって、風にのって光りながらゆっくりとこちらへ漂ってきた。


闘牛がどんなに素晴らしい芸術か、ここで説明するのはちょっと大変である。

音楽や美術がどんなに素晴らしい芸術か、火星人に説明するのが大変なのと同じだ。

ただそれが、外国で信じられているように、単なる牛のなぶり殺しではない、とだけは言っておきたい。

まずは、他の芸術同様なるべく沢山、実際に御覧いただきたい。全六頭の内三頭だけ見て、あとは革製品の土産物屋に直行、それからレストランでステーキ、というようなツアー旅行者に、闘牛をうんぬんする資格はあるまい。イラク戦争を止めない欧米諸国や日本も同様である。


さて、分厚い板戸がドン！　と野蛮な音と共に開かれ、アンダルシアの強烈な西日の中に、真っ黒い雄牛が一頭おどり出た。友人や家族とおしゃべりしながら開演を待っていた観客は、たとえどんなに闘牛を見慣れていても、やっぱりこの瞬間には、おお！　と声を出して驚くものだ。

日常見ている人間の背丈や肩幅のスケールとは全く違う、本物の野獣がそこにいる。牛というのんびりしたイメージが全くあてはまらない、まるで気の立ったシェパード犬のような俊敏な動き。五百キロを超える巨体である。おまけに角がある。それはまるで箸の先のようにとがっていて、闘牛場の塀に突きささって、はめ板をバラバラにする力を持つ。

そんな無慈悲で狂暴で公徳心の片らもない怪物が、本気でこちらを殺そうと思って飛んで来る。

ピカソは、画家でなかったら闘牛士になりたかった、と言ったそうだが、私は御免こうむる。私は、画家でなかったら……そう、プールサイドの美女にでもなりたい。

とまれ、雄牛の出現の瞬間の輝かしさは、ピカソならずとも目を細めたくなるものである。

その力強い雄牛は、馬上から槍で突かれて首がうなだれ、数本の銛《もり》を打たれて、次第にその動きが緩慢になってくる。悲しい見ものである。しかしそれは、闘牛士がいよいよ赤い布を持って、牛と一対一で、世界中探しても絶対に他に存在しない、特異なアートを、ほんの数分間の奇跡を、現出させるための準備なのだ。

人と牛との、赤い布一枚を介した一期一会である。

人と牛とがすれ違うほんの二、三秒の姿形を、人々は実に綿密に見とどけては、論評する。

私の隣の、頭髪の少ない〝通〟の老人が、いろいろつぶやいていたっけが、闘牛士が拍手かっさいを浴びているところ、じっと腕組みをしたまま、私に向かって言った。

「どうした？　拍手なさらんのか？　今のは良くなかったか？」

「まあ、良かったけど。あなたはどうして拍手しなかったんです？」

「ふん。なるほど良かった。もしこれが田舎の闘牛場なら、十分にハンカチ（を振って称える）ものだろう。しかしな、ここはセビージャだ。セビージャの格からいうとまだまだだよ。ところであんたはどこにお住まいじゃ？」

「マドリードです」

「おお！　あそこは闘牛熱が凄い。あそこは一番だ。なるほど拍手なさらんわけじゃ」

ビールの缶が邪魔で拍手出来なかった、と私は言わなかった。

日曜画家、というのがある。日曜ドライバー、日曜大工というのもある。しかし、日曜闘牛士というものは、ない。こればかりは、趣味の成り立たない世界である。

だから、論評や議論が、常軌を逸するまでに白熱する。だって、何を言っても、「それじゃおまえやってみろ」がないのだ。言うは易し。

今の技が良かったか良くないか。そもそもこの闘牛士は芸術家なのか、それとも芸なしの見栄っ張りなのか。意見のくい違う二人ないし数人は、延々と、闘牛場に居ながらにして闘牛に背を向け、わめき合う。度を越せば、警官がやってくる。

スペイン在住の日本人にも随分熱中している人たちがいる。わざわざ地方の牧場へ牛の様子を見に行ったり、闘牛場に飛び出してくる牛の脚の不調を、衆に先んじて発見して抗議するための緑のスカーフを首に巻いて出かけたり、するのである。年に何十回かの闘牛を見るためにのみ働いている、と言う。

日本で働いて、春から夏の闘牛シーズンになると休みをとってスペインに来る人もいる。

S氏はそういう一人である。ある時たまたま見た闘牛に衝撃的に感動し、シーズン毎にその闘牛士の追っかけをする。スペイン語はよくわからないが、闘牛士にインタビューしたり（彼自身の満足のため）、町で強盗団に襲われてもめげない。ついにはその闘牛士と友だちになってしまった。

「何でそんなに熱中してしまったんでしょうねえ」

氏とシェリー酒を飲みながら、話したことがある。

「仕事もやめちまおうと思ったんだけど、ひきとめられちゃってねえ」

「お仕事は何です？」

「牛丼屋の店長です」

牛にたたられているのかもしれない。
私はこの人達の情熱を尊敬している。

私もかつて随分好きでよく通った。だから今、セビージャの闘牛場で隣の〝通〟の老人に、ただの観光客と思われない程度の、半可通のふりぐらいは、まあしてみようか。

たったいま殺されて、数頭のラバに引かれて闘牛場を出ていく牛は、勇猛だった。西日に目を細めながらそれを見送る老人に私はたずねた。

「今日の牛はどこのです?」

「ん?」

と老人は質問の意味を計りかねて、耳を近づけて来た。

「どこの牧場の牛ですか?」

老人は、にっと笑って体をのり出し、私の二の腕をトンとたたいた。そして、

「牧場ね。ふふふ。牧場ね」

と言って、一人うなずいた。両国の国技館で、隣席の外国人が、今の力士は何部屋所属ですか、ときいたら、日本人はちょっとおどろくであろう。老人は、しかし満足そうにほほえんで答えた。

「ウエルバ県のセペダだよ。むかしゃ良い牛を出したが、このごろじゃそうでもない」

ついでに私は、周囲の〝通〟たちがきいたら論争になりそうなことを、小声で聞いた。

「あなたのひいきの闘牛士は誰です?」

「ふむ。ホセ・トマスさ。それ以外はまあ、どうでもいい」

S氏がきいたら、ひと悶着《もんちゃく》あるかもしれない。

良い闘牛も悪い闘牛も、沢山見た。二百回位見た。安くてゆったりと見られる席も、自分なりに見つけた。それは、一番上階の一番前の日向席である。

アンダナーダ・デランテーラ・デ・ソル。

絶壁に張り出したような手すりにあごをもたせかけて見られる。もちろん、牛も闘牛士もはるか眼下であるが。

二十年位前のある十月の終わり、もうシーズンも終わりかけのころ、私は一人でその席にいた。他の客もそんなにいない。寒い上に雨が降って来た。

濡れて薄暗くなってきたアレーナの上には、エル・ビッティという中年の闘牛士が、さっきからムレータ（赤い布）をかまえて牛を呼ぶ姿勢を取ったまま、動かない。鋭くかすかにムレータを上下に振って牛の注意を引くのだが、頑固な牛は首をピクリと振るだけで動かない。こういう場合、機敏な闘牛士なら、自分の位置を変えたり、牛に少し近づいたりして、牛の気分を変えてやるものだ。しかし、エル・ビッティは名闘牛士といわれているのに、いや、だからこそ、動かない。何故なら、彼と牛との距離はかなりへだたっており、それは美しく正しい間合いだったのである。

ヘミングウェイが、得意のボクシングにたとえて闘牛を述べたことから、アメリカ人やフランス人インテリが真似てその比喩を用いることがあるけれど、幸いにしてスペイン人はあまり本を読まないので、そんな安直な比喩を得々として述べる者はいない。闘牛が何に似ていないかといって、ボクシングぐらい似ていないものはないのである。このノーベル賞作家は、この場合、正しくない。仮に、日本の武道をボクシングに例えられたら、武道家達は何というであろう？　まして、茶道だったら？

エル・ビッティは、秋雨に濡れて、まったく孤独にたたずんでいた。観客の一人が叫んだ。

「おーい！　寒いぞお！　早くしてくれえ！」

静まり返った闘牛場で、その声はもちろん闘牛士に聞こえたろう。絶壁上の私の席にも聞こえたのだから。でも、彼は全くさっきまでと同じ場所で、同じ姿勢で、七、八メートル先の牛を誘い続けた。

ひょっとすると、彼は意地になってそうしているのではないか、と思われるほどの執着ぶりだった。

牛は、しかし不思議なことに、ついにエル・ビッティの方へゆっくりと走り出した。彼は、同じ姿勢でピクリとも動かず牛をやり過ごした。その優美さと、意志（＝美意識）の貫徹ぶりに客達は思わず「オレー！」と叫んだ。

最近の闘牛士達はまず竹光で闘い、とどめの時にのみ真剣と替えるものだが、昔の闘牛士にははじめから真剣で闘う人がいた。彼もその一人であった。牛が再び襲って来た時、すぐに剣を構えて、すれ違いざま一発で仕留めてしまった。それは作法にかなったやり方ではなかったが、客達は深く感動し、賞讃のハンカチを雨中に振った。闘牛士は、深く一礼をしたきりで、雨の中を少しうなだれて去って行った。

一期一会。

牛は、茶室には少し大きすぎるけれど。

「ドレイ！」の叫び

マドリード市内を移動するのに便利なのはメトロ（地下鉄）である。が、時としてアルジェリア難民の若者達の強盗団に出くわすことがあるので、ホームでも乗り込む車両でも注意をせねばならぬ。気が疲れる。で、タクシーによく乗る。市内なら五、六百円で大ていのところへ行ける。

雨の夜、やっと空車がとまった。アトリエから家へ帰るのである。

「ノルテのバス乗り場まで」

「オーケー。ところでそのバスでどこへ行くの？」

「アルコルコンだよ」

マドリードから十三キロ離れたその町に、私の住居がある。そこまでバスで帰るのである。

「バス乗り場までいつもタクシー代いくら払う？」

いろいろ妙なことをきく運転手である。

「五百《ペセタ》かな」

「そうか、じゃ五百でアルコルコンまで行こう。どうだい？　実はおれもそこに住んでいるんだ。今夜はもうあがりさ」

「いいのかい？　やあ、運がいいな」

と私は喜んだ。よく見れば、運転手は鼻歌でも歌いそうな陽気な若者である。

「君は日本人か？　おれはポーランド人さ」

「へえ、珍しいね」

「珍しかないよ。出稼ぎは沢山いるよ。日本に比べりゃ近いんだから。おれは是非日本へ行ってみたいんだ」

いたずらっぽい目が、バックミラーからのぞいている。

「へえ、何で？」

「おれの夢は日本の女と結婚することだったんだ。何故かわからないんだけどね」

「でも君はもう他の国の女と結婚しちまった……」

「そう。スペイン人さ」

「不満かい？」

「いや。でも日本人と結婚したかったたって夢は本当さ。女房にもそう言ってるよ」

「怒るだろう？」

「怒るよ。でも夢だからね」

「奥さんはどこの人？」

「トレド県さ。トレドの女は大変だぜえ！　ま、他のスペイン女と同じだけどな。ところで、日本語で〝ジョ〟のこと何ていう？」

「ワタシ」

「〝カサード〟のことは？」

「ケッコン（結婚）シテル」

「〝エスクラボ〟は？」

「ドレイ（奴隷）」

「ワタシ、ケッコンシテル、ドレイ！」

私はゲラゲラ笑ってしまった。発音もいい。雨の街道を飛ばしながら、彼は繰り返し叫んだ。

「ワタシ、ケッコンシテル、ドレイ！　ワタシ、ケッコンシテル、ドレイ！」

車を降りる時、彼は笑いながら握手を求めてきて、言った。

「おれの名はスタニスラフスキー。いや、もちろんおれは女房に満足してるんだぜ」

「わかってるさ。じゃまた、スタニスラフスキー君」

大家マリアの話

マリア・ベン・アブダッラーは八十近い老婆で、モロッコのカサ・ブランカの出身である。マドリードの私のアトリエの大家だ。近所に住んでいる。

成人した二、三人の子がいて、同居している末っ子の独身男（三十代）以外は、パリで各々家庭を持っているらしい。

夫はいない。死んだのではなさそうだ。壁の高いところにかかっている古い婚礼写真の、夫の顔の部分がむしり取られているのを見ればわかる。白無垢の花嫁のマリア婆さんだけが、もちろんこの写真では若々しく、こちらをむいて気取って微笑《ほほえ》んでいる。

マリア婆さんの現在の容姿を書けば悪口になりはしまいか。だからきわめて客観的に述べることにするが、その肌はまるで備前の古い壺のようである。眼は大きく黒目がちで、しかしどことなく白濁している。歯は、まばらにあって、同居している息子になぐられたせいでぐらぐらしている。

息子は気が弱くておとなしい、お人好しの男だが、麻薬愛好家なのが欠点である。それで以前はよく暴れて、母をなぐったらしい。このごろでは、まるでかんぴょうのようにやせて力なくふらふらしているので、以前のようなことはしないようにみえる。マリアはよく私に言ったものだ。

「子供なんて生むもんじゃないよ。小さいうちは、かわいいかわいいって一生懸命に育てて、チョコレートが欲しいっていえばチョコレート、三輪車が欲しいっていえば三輪車。その揚げ句がこれだよ、ホラホラ、見てごらん！」

歯ぐきから長くたれ下がった歯をつまんで、彼女はまるで墓石のようにゆすった。毎月五日、家賃を払いに行くたびに愚痴をきくのである。

ある時、彼女は少し具合が悪くて、ベッドに寝ているらしかった。サロンに立って待っていると、寝室から彼女が呼ぶ。

「こっちへいらっしゃいってば！」

息子に案内されてそこへ入っておどろいた。これも、そのまま書けば悪口になるだろうか。しかし私は見たものを描写したい欲求にかられる者である。エカキである。

すなわち彼女は、ベッドに寝ていた。大きな枕に上半身をもたせかけ、煮しめたような黒褐色のガウンの両腕を布団だか毛布だかの上に出して、いつもの顔でこちらを見た。そのベッドの周囲は、衣服であろう布類が山のように積み重ねられており、しかしきちんとたたまれてはいずに、ざっくばらんに投げ上げられているので、色とりどりの滝のように、虹のシャワーのようにそれらが垂れ下がっているのであった。その滝が窓の下半分を埋めているのと、同じく煮しめたような色のカーテンが上から垂れているのとで、昼なのに寝室内はまるでアリババの洞穴みたいにうすぐらいのだった。

その宝の山のまん中で、マリア・ベン・アブダッラーは、豊かな病の女王のように見えた。

スペイン人は、日本人みたいに年齢を気にしない。相手がひとつ年上だと知って、急に敬語になるようなことはない。

しかし、ここに妙なスペイン人、というか、モロッコ人の婆さんがいる。マリア・ベン・アブダッラーである。

ぶしつけにも私が何回もきいたのに、決して言わなかった彼女自身の年齢を、ある時ひょいと口にした。

「あたしゃ、もう七十七だからね」

「ふーん、七十七。あれッ、それじゃぼくの母と同い年ですねえ」

マリア婆さんは、やや白濁した大きな目を上げてこちらを見、しまったというような顔をした。

「ふん、あたしの方が二ツ年上だよ」

「でも、七十七なら同い年ですよ」

「ちがう。あたしが二ツ上だよ」

「それじゃあ七十七じゃない。七十九です」

「ちがう。あたしは七十七だ」

ここで行われているのは、算数ではない。たった二ツでも私の母より優位に立とうとする、婆さんの根性である。これで私は確信した。マリア婆さんは、私の母と同い年である。その根性がそっくりなのだ。で、私はなつかしくも憎々しくなってきて、さらに言いつのった。

「セニョーラ、私の母は七十七です。あなたもそうだ。同い年です」

「ちがう。二ツ上だよ」

彼女の左右の目は、それぞれにロンドンとパリ、いやカサブランカとマドリードとを、かたくなに、向いていた。


彼女は話題を替えた。

「あんたの娘さんたちは元気かえ」

「元気ですよ」

「スペインの男にゃ気をつけなさいよ」

「まだそんな年じゃありませんよ。でも、どうしてです？」

「あいつら、はじめはニャアニャア言うんだ。でもね、結局はあたしら肌に色のついた人間をばかにしてるんだよ。だから、あんたやあたしみたいに色つきの人間は、あいつらと結婚しちゃダメだよ」

彼女の夫はスペイン人だったらしい。

「ふーん、なるほど。我々色つきは、ねえ」

それじゃあんたの息子たちは何色になるんです？　とはいわなかったけれど。

「あんたは私の息子みたいなもんだから言うんだよ。気をつけなさいよ」

私は思わず自分の腕を見た。随分白い方だと思っていたが、急に黄色く見えてきた。

彼女は、私のアトリエ以外にも三ツのアパートを持っている。

そのうちひとつは郊外にあって、誰も借り手がないといっていつもぼやいている。遠くて不便なのに高いことをいうからである。

もうひとつは近所にあって、広いのだが薄暗い。その割に高い。十五万も取っている。高いから、店子がよく入れ替わる。

「こないだの若い連中は、三か月家賃を払わないで、そのまま逃げちまったよ」

スペインでは珍しいことではない。であればこそ、私のように長年毎月ちゃんと払いに来る店子は貴重なのである。それはマリア婆さんもよく知っている。だから、安い家賃で何年も我慢しているのだ。とはいえ、時々は私にそれとなくゆさぶりをかける。

「今度の人はいい人だよ。オランダ人の金持ちでね。半年分も前払い！　半年だよ」

嘘つけ。金持ちがこんな下町の貧乏人だらけの薄暗いアパートに住むわけはない。

「ああ、そりゃよかった。オランダ人てのは全部金持ちですからね。貧乏なオランダ人なんて見たことない。全部金持ち！」

「ヒッヒッヒッ。着てるものは立派だし、ていねいにしゃべる。紳士だよ。背がこんなに高い」

結局、その紳士も、数か月後にはいなくなった。


「誰かあんたの同国人で入る人はいないかね」

「さあねえ。日本人は皆貧乏ですからねえ」

「ヒッヒッヒッ。そうでもないだろう」

「日本は貧富の差が大きいんですよ。ダイヤモンドつきの靴をはいてる奴もいるし、はだしで町歩いてる奴もいる。僕はそっちに近い」

マリア婆さん
(「大家マリアの話」)

マリア婆さんのベッド
（「大家マリアの話」）

「大家マリアの話」

麻薬息子
（「大家マリアの話」）

麻薬息子
(「大家マリアの話」)

「大家マリアの話」

ヒターノのＪ…
（「大家マリアの話」）

マドリードの夜
（「ドレイ！の叫び」）

「ヒッヒッヒッ。あ、あんた、その部屋に住んでた男知ってるだろ。そう、小柄なスペイン人さ」

婆さんは、自宅の部屋のいくつかを貸している。つまり、下宿屋《ペンション》をしているのである。今の住人はその男と、金ピカのガラクタや安物のじゅうたんを売り歩いている、人の好いモロッコ男の二人である。

「知ってますよ。色の白い、よく笑う」

「そうそう。死んだよ」

その部屋の扉によりかかっていた私は、思わず背をのばした。窓もない、三畳間ほどの小部屋である。

「いつのことです？」

「先週さ。ひるごろになっても出て来ないから、扉をたたいたのさ。でも返事がないんだよ。鍵を外からこじあけてみたら、ベッドの上でこんなふうに目を開いたまま死んでたんだよ」

「何でまた」

「知るかい。こんなふうに死んでたよ。警察が来て、何でもないって。あたしゃ書類も税金もちゃんとしてるからね」

「そりゃ、まあ、よかった……」


アトリエの呼び鈴がピンポーンと、自信あり気に鳴った。大きな分厚い木の扉には、錠が三ツついており、まん中にのぞき窓がある。これは文字通り窓で、透かし彫りの金具を回すと向こうが見える。が、同時に向こうからも見えてしまうのが具合が悪い。従って、そこからのぞいた時には、もう居留守は使えない。その日は不用意に金具を回して、外をのぞいてしまったのであった。

そこには大家のマリア婆さんの息子が立っていた。

ふつう大家は貸家を訪ねない。室内へ立ち入る権利はないとされている。まして、その息子には何の用事もないはずだ。それが、自信たっぷりに立っている。やむなく錠を外して扉を開けた。息子は偉そうにニヤリと笑った。

「よう、元気か。おれのアパートを見に来たんだ」

何だか嫌な言い方である。まだ三十そこそこの若僧のくせに。で、私は言った。

「お前のじゃない。お前のママのだろうが」

「ヘッヘッヘッ。ま、そうだな。入ってもいいかい」

もともとお人好しの、子供っぽい、甘ったれの青年である。ママからもらう小づかい以外に、ほとんど収入はない。働いても長続きしないのである。月に一度、私が大家マリアに家賃を払いに出向くと、よく近くの道やバル（カフェ）にいて、ひまそうにしている。私を見ると、ニヤニヤして寄って来て、

「よう、元気か。一杯おごってくれよお」

と言う。私は近くのバルで、コーラをおごってやる。下らない話をして、息子の肩を思い切りたたいて、

「じゃまたな！」と言って、それからマリアを訪ねるのである。

スペインでは、こういうふうにブラブラしている青少年の行く末は、麻薬である。息子はこのころ、まだそこまで行っていなかった。ただブラブラ、ニヤニヤしていたのである。それが、はじめて私のアトリエを、用もないのに訪ねて来た。渋々、私は彼を奥の食堂へ通した。

彼は食卓に座ると、

「すまねえ。何か飲み物をくれないか」

と言った。私は紅茶を出した。彼は一息つくと随分雄弁に語り出した。

「どうだい。このごろときたら、世間の奴らは誰も助け合わねえぜ。ひでえ世の中だよ。あんたも知ってるだろ。むかしゃお互いに食い物を分け合ったもんだ」

たしかに、汽車の中などで、誰かがサンドイッチを取り出すと、必ず周囲の客にもすすめる習慣があった。ただしこれは一応の礼儀なので、すすめられたと思って丸々もらってしまうと、先方は飢えることになる。ありがとう、と言って断るのが作法である。

「そのとおりさ」

と私はとりあえず相づちを打った。

「それがどうだい、このごろは。道で病人が倒れてても人はまたいで行くぜ」

こいつは何しに来たんだろうと、私は考えた。

外は小雨である。

天気が悪いと、人の気も悪くなる。スペイン人は闘牛なんぞをするから、さぞかし神経が太いのだろうと思うとそうでもない。なかなかに繊細である。十三夜になるときまってイライラし、不安感がこうじてエレベーターにも乗れないという男を知っている。

なのにこんな暗い午後に、用もないのにのこのこ現れたのは、大家の息子である。しきりに世相を嘆いている。

「ほんとにひでえもんだ。おれは首相にちゃんと言ってやりてえよ。どうなってんだってな。税金は高い、物価も高い、泥棒は多いってよ。むかしゃそんなものはなかったぜ。フランコ将軍の頃は雨もちゃんと降ったって、皆言ってるぜ」

「雨の方でも怖かったんだろう。その頃君はいくつだったんだ?」

「まあ、十歳位だな」

「十歳でそんなことがわかるかい？」

「わかるさ！　いい時代だったぜ」

「泥棒はいなかったな。おれはその頃スペインに来たんだ。町じゅうのバルは夜中の三時まで開いてたよ」

「人が優しかったんだよ。いい時代だった」

「でもフランコの悪口を言ったら刑務所送りだった」

「ブランコ（当時の首相）が殺されたの覚えてるか？　ダイナマイトで車ごと吹っ飛んで、教会の屋根にひっかかってよ。小咄《こばなし》があるぜ。おい、ブランコはどこだ。神様のいるところさ、だってよ。教会の屋根だからな。傑作だぜ、ハッハッハッ」

ちっとも面白くない。私は早くこいつに帰ってもらいたい。が、息子はしゃべり続ける。

「ところで、知ってるか？　おれは強いんだぞ。ホラ、力こぶ！　ちょっとさわってみろってんだよ、ホラ！」

「ほんとだ、強そうだな」

「ほんとだじゃねえよ。ホラ、さわってみろよ、ホラホラ」

仕方なくさわってみる。

「ほんとに固いな。ところで紅茶もう一杯飲むかい？」

「エイッ！　ホッ！　タァッ！　おれは強い！　強いんだ！」

一人で赤くなって力んでいる。何だか目の色が変だ。

「どうだ！　どうだ！　強いだろ、トウッ！」

息子はテーブルをドンッと拳《こぶし》でたたいた。私は、台所の包丁の置いてある棚が、私の背中側であることを、改めて確認した。

「エイッ！　ヤッ！　トウッ！……ふう。紅茶をくれねえか。コーヒーは興奮するから飲むなって、医者にとめられてるんだ」

「医者？」

何だか、嫌な雲行きになって来た。

大家の息子は、何故か一人で興奮していた。私は早く帰ってもらいたい。が、息子の得体の知れぬ迫力に気押されて、私は紅茶なんぞを入れてやっている。息子は、私が私の紅茶に砂糖をスプーン一杯だけ入れるのを見ていた。

「何でそんなに少ししか入れねえんだ？」

「これで十分なんだよ」

「ふーん。おれはもっと入れるぜ」

息子は、ザッザッと音を立てるようにして、自分のカップにスプーンで何杯も入れた。五杯ぐらい入れたようにみえたが、遠慮しているふうもみえた。私が見ていたからである。

彼の母、マリア婆さんは、アラブ人らしくコーヒーや紅茶に驚くほど砂糖を入れる。私が一杯しか入れないのを見て、あきれたような声を出して「それじゃダメだ、ダメだ」と言う。そして、さらに二杯をむりやりつぎ足してから私にすすめるのである。

それの息子だ。

「あんまり砂糖を入れると、体に悪いぜ」

と私は言った。

「体？　ふふん。おれは時々医者へ行ってるさ」

「何で？」

「ふん。もっともこのところあまり行ってねえけどな。ほら、これを見ろよ」

息子は、ズボンの尻のポケットから四ツにたたんだ紙きれを取り出して見せた。それは長いことそこにあるらしく、周辺や折り目がすり切れていた。ひろげてみると、赤いタイプライターの字で以下のようなことが記されていた。

「注意。この人は精神的な病気により、時に発作を起こすことがあります。その際には、持参の薬○○を飲ませて下さい云々。××病院医師何某。」

息子はこれを得意そうに出して見せた。私は、これは何じゃい？　と思って読んでいる。これは本物か？私は、どう判断していいのか、よくわからなかった。息子はテーブルのむこう側から、私を見ている。

「わかったかい？　おれは病気だよ。時々その病院へ行かなくちゃならねえんだ」

「ふーん。薬はいつも持ってるのか？」

「持ってるさ、ホラ」

くたびれた紙にくるんだ錠剤を、同じく尻のポケットから取り出して見せた。

気の弱い、お人好しの息子が、時にこうして、天気やら何やらのせいで、興奮するらしかった。いつもヘラヘラ笑っているのに、今日は、そういえば、ずっと歯をくいしばっていて、ほんの少ししか笑わなかった。それも変だった。

「むかしゃ良かったよ。な、ホアン」

と、私は今日はじめて息子の名を呼んだ。

「そうよ。フランコ将軍はよ、モロッコのハッサン二世とも仲が良かったんだ」

「ホアン、おれはもう出かけなくちゃならねえ。ごめんよ。またな」

息子はうなずいて、立ち上がった。

「急に訪ねて悪かったよ。じゃ、また」と言って、息子は静かに階段を下りて行った。


真昼、家賃を払いに、マリア婆さんの家への道を歩いていると、むこうからヒターノのJ……がやって来た。

J……はいつも昂然《こうぜん》と顔をあげ、背筋を鶴のように伸ばし、長髪を風になびかせて、まっすぐに一点を見つめて歩く。その長髪の天辺が丸くはげていて、和風に言えば落ち武者のさらし首のようになっているのが、少し残念ではある。しかし、未だ差別の風の吹くスペインで、彼はヒターノの誇りを、その一身にあらわして、まるで旗のように歩く。四十男。

J……は遠くから私を認めて、さらし首に似合わぬ優しい笑顔を浮かべた。近づくと、互いに、

「元気かい。久しぶりだな」

と言い合って握手した。私は車道を歩いており、J……は一段高い歩道にいた。彼はそれに気づいて、

「やっ、おれが高い所にいる。これは失礼」

と言って、車道へ降りて笑った。律義なのである。

「どうだい、そこのバルで一杯やらないか」

とJ……は言った。わざわざ車道に立ってしゃべる二人の脇を車が抜けて行った。

「うん、でも今、家賃を払いにいくところで、大家がおれに食いつこうと思って、足踏みして待ってるんだよ」

「そうか。おれんちはすぐそこの二十六番地だ。いつでも下から呼んでくれ。おれがギターを弾いて、あんたが唄って、楽しくやろうぜ」

　私が多少のカンテ（フラメンコの唄）を知っているので、彼はそう言うのである。スペインで「フラメンコ」というのは、カンテのことである。踊りのことではない。踊りはバイレといい、もともとカンテの従属物であったものが、やや違う発展をして、今日、皆さんの目に焼きついているのである。

　J……は以前、ギターを弾けなかった。カンテもバイレもしなかった。ヒターノなのに、ヒターノの芸術であるフラメンコに関われないのを彼は口惜しく思っていた。そのせいか、酔った深夜には、よく闘牛士のように胸をそらしてわめいたものだ。

「おれは不滅だ！　おれは不死身だ！　何故かって？　みろ、ある晩、バルで飲んでたおれの肩を誰かがたたいた。振りむくと、そいつはいきなりバーベキューの金串でおれの心臓を刺した。あとで医者が言ってた。心臓の端に刺さってたってな。おれはそのまま、何の用だって叫んだ。奴は、まァ頭のイカれた男だろう、走って逃げた。おれはそいつを追って十《メートル》歩いて、倒れたが、みろ、こうして生きている！　アハハ！　アハハハハハ！」

「ほんとだ、不死身だ」と、皆うなずく他はないのだった。

　いずれ近々に私が二十六番地の下からJ……を呼ぶ約束をして、別れた。

　マリアの家へ上ると、サロンの窓ガラスが一枚割れていて、残ったところに血がついていた。奥から出てきたマリアは何くわぬ顔をして、いつものように、汚い木の椅子に座った。

マリア婆さんは椅子に座っている。その背後の窓ガラスが割れて血が付いている。また息子が麻薬のせいで暴れたのであろう。かくも明白な不幸を指さして「どうしたんです?」と問うこともあるまい。私は黙っていた。

余り勘定したくないのだが、私はアトリエを二十年以上も借りている。こんなに長く同じ所にいたことは、日本でも、ない。

マリアが元気一杯の頃は、毎年のように家賃の値上げを迫ってきた。月額二千円の幅を争って、マリアは怒鳴り、叫んだ。私ももちろん、そうした。マリアはわめき、嘆息をつき、下を向いて黙り、天を仰ぎ、同じセリフを繰り返し叫んでは相手の声が耳に入らぬようにした。私もそうした。私は日本人、マリアはモロッコ人なのに、まるでスペイン人みたいだった。

しかし、涙だけは流さなかった。どちらも芝居だったからである。だから、何時間わめき合っても、決して相手をののしってはならぬ。妥協点を見いだすや否や、ケロリとしてマリアは私を息子よばわりして、私は彼女の麻薬息子に同情を示さねばならぬからだ(外交とは芝居であることを、日本の首相は知ってほしい)。

ちかごろはマリアも年を取ったのか、この値上げ戦争が億劫《おっくう》になったとみえ、数年に一度しかそれを言い出さなくなっている。しかしこの日は、その何年ぶりかの戦争の日であった。

彼女は、一挙に月額十万を要求してきた。私は、今までどおり八万でないと生きていけない、と主張した。

「ぼくに道で寝ろって言うんですか? このアトリエがなかったら、仕事が出来ない。絵がかけなけりゃ絵かきは食えない! 家族に死ねって言うんですか? どこで? 道で? 生きてけない生きてけない生きてけない!」

その間マリアは、私と同時に、以下のようにわめいている。

「あんなすばらしい家だよ！　室数がいくつか知ってるだろ！　十三だよ十三だよ十三だよ十三だよ十三だよ！　二百平米だよ二百二百二百二百二百二百！　いや、もっとだ！」

結局、八万のままで、自治会費を私が肩代わりして払うことで落着した。実質三千の値上げである。勝った、と私は思った。

翌日、新たな契約書にサインすべく、再びマリアを訪ねた。だが、契約書を見ると月十万となっている。

「これは何です？」

「ふん。いやならやめときな。借り手はいくらでもいるんだ」

また延々とどなり合った揚げ句、もう一度八万に落ち着いた。が、条件がついた。支払いは八万でよいが、契約書は十万のまま。決して彼女は負けたくないのだ。で、月々の領収書には、マリアののたくり文字で、こう書かれている。

「〇月分八万領収しました。但し、二万の不足」

偶然の確率

無事は是貴人《きにん》といへり蕪蒸《かぶらむし》　　澄雄

の句がある。

マドリードの町でスペイン人の友人と久々に会った。ちょっとどこそこまで行ってみようと、タクシーに乗った。

彼は外交官で、日本に何年かいたことがある。

「ところでチアキ、東京にあるスペイン料理屋でどれが一番うまいと思う?」

私は、日本に戻ればまず日本料理である。納豆であり、日本酒であり、干物であり、アンコ入り最中である。だから、あれこれ比較できるほど日本のスペイン料理屋を知らない。一方、スペインの日本料理屋ならあれこれ知っている。もちろん、そんなにしょっ中行けるわけではないが、あっちよりこっちがうまいとか、安いとか、お互いの意見を述べ合うのは楽しい。友人は、それでそんなことをきいたのである。

「うーん。あんまり食べ歩いたことないからわからない。君はどこがうまいと思うんだ?」

「やっぱり一番はC……だろう。主人がスペイン人でV……という。とてもいい奴でおれたちはもう友だちだよ。今度東京で会ったらぜひ行こう」

タクシーは、大通りを勢いよく走っていたが、突然減速をして、スーッと路肩に停車した。目的地はまだ先である。中年の運転手が、くるりとふり返って右手をさしのべてきた。

「只今お話のレストラン、そのV……ってのはあたしの兄弟です」

おどろいた。冗談ではないかと思ったが、そうでないことは運転手の顔を見ればわかる。私達は大さわぎした。ゲラゲラ笑い、やがて鳥肌が立った。

「考えても見ろ！　おれたちは何年ぶりかで会った。この広い、タクシーだらけのマドリードで、たまたま一台のタクシーをひろった。その中で、わざわざ遠い日本の、あの人間だらけの東京の中の、一人の人間、それもスペイン人の話をした。そしたら、それがあんたの兄弟だって!?　信じられん！　いや、だがこれは本当だ。わっはっはっはっ！」

私達はタクシーの床をドンドン踏みならした。信じられん、信じられんと言いながら目的地に着くと、運転手はタクシー代を受け取らなかった。

今日は大当たりの日だ。よし、宝くじを買おう、と私は言い、町角で同じ番号を二枚買い、一枚を友人にあげた。果たして発表の日、それは当たっていた。一万五千円ほど。先日の偶然の確率とおどろきからいえば、百万円位は当たって欲しかったところだが、何より無事、即ちありのままがよろしいのである。

日本ではそろそろ、蕪蒸の季節であろうか。

パエージャ、ねぎ、イソギンチャク

スペイン料理で有名なのは、パエージャであろう。

パエーリャ、とよく表記されるが、スペイン人の発音通り書くと、パエージャ、である。スペイン風炊き込みごはん。

私は、何でも食べるのは好きだが、料理というものはほとんどしたことがない。以前、スパゲティのゆでたのにバターをからめたものを毎日食べていたことがあった。それに豚肉を炒めたものと、トマトとレタスのサラダを付け加えれば、でんぷんとたんぱく質と野菜と三拍子が揃って、文句はあるまいと考えた。

また、ある時期は、昼に毎日きまった古いバル（カフェ）に行って、スペインの固いパンの間にラ・マンチャのチーズをはさんだもの、つまりボカディージョ・デ・ケソばかりを、ビールで流し込んでいたこともある。

その程度のグルメである。それがパエージャについて書こうというのだから、われながら片腹痛い。

作り方は、よく知らない。米は洗わずにそのまま使うとか、出来上がってむらす時には鍋の上に新聞紙をかける、それも右派の新聞がよいとか、断片的な話はきいたことがある。

たいていのスペインの主婦は、パエージャが得意である。

「うちの女房はパエージャを作るのがうまいぞ」

と自慢する夫と、

「ま、私のパエージャを食べてみなさいって」

と自慢する妻とは、星の数ほどいる。

日本でいえば、何に相当するだろう。

休日とか、めでたい日とか皆が集まる日とかの昼、主婦が腕によりをかけて作る料理。

今まで食べた中で、ことにおいしかったパエージャは、アリシアのと、アンヘリータのと、ラ・マンチャの村祭りでふるまわれたのと、ロンダの友人の母のと、である。

ある時、日本から親しい御夫婦が来た。奥さんが、庶民の行くようなレストランでおいしいパエージャが食べたいわ、とおっしゃるので、いろいろ考えた揚げ句、パエージャに定評のあるという老舗《しにせ》のラ・BA……に行くことにした。

果たして出てきたパエージャの、色を見て私は絶望した。黄色いばかりで、艶がない。食べてみて、言葉を失った。御夫婦も、何やら静かになってしまった。私は、在西二十五年の面目を失った。

しかし、よく考えてみると、庶民の行くようなレストランでおいしいパエージャ、というのが、実は二律背反であった。何故って、庶民は自宅でおいしいパエージャを作るのである。レストランでおいしいそれを食べたければ、庶民の行かない高級店へ行く他はないであろう。私が知るはずもないのだった。

そういえば、ラ・BA……にはアメリカ人の観光客ばかりがいた。いや、アメリカ人の舌がどうこうというのでない。ただ、そこには彼らが多かったという、ひとつの事実にすぎない。

スペイン料理とは、何もパエージャとイカのリング揚げばかりではない。それ以外にもいろいろおいしい食べ物があるので、ろくに飯も炊けない私であるが、少し御紹介をしたい。食べた者の強味である。

プエロ。ねぎのこと。ねぎの何とか風、とか名づけられていればよいのだが、そのレストランのメニューにはただ「ねぎ」とのみ書かれていた。

「このねぎってのは何です?」

ボーイは、自信たっぷりに答える。

「ねぎを…煮て…酢で…とにかくおいしいですよ!」

「んじゃ、それを」

皿に二、三本出て来たそれは、ねぎというより、白い太いアスパラガスのようであった。ナイフで切ると、ふわッと切れる。食べてびっくり。アスパラガスよりうまい。

そもそもアスパラガスは、私にとって、随分大人になってやって来た食べ物である。はじめは何のガスかと思ったくらいだ。ふーん、なるほど、こういう味ね、と覚えた白アスパラガスは、今もその味であり、欧米人の目が青くてもおどろかないように、私は驚かない。

だが、ねぎには驚きがある。あのねぎが、である。深谷や下仁田のねぎと同じあのねぎが、まるで白い西洋人のようになって、皿の上にぺたりと横たわっているのである。そして、その味も、まるで西洋だ。もちろん、ここはピレネーの果てとはいえ西洋である。なのにこれはまさしくあのねぎだ、という驚きと喜び。

これが、ローマ時代の水道橋で有名なセゴビアで食べたねぎである。

イカのリング揚げ、を私は理解出来ない。食べ物が何故輪になっているのか。真面目でないように思われる。葬式でロックが鳴っているように思われる。同じ理由で、オニオンスライスも理解出来ない。輪っかになっている。理解出来ない、とは容認出来ないという意味であって、頭でのみ込めないものは、胃にも飲み込みたくない。味がイヤなのでなく、形がイヤなのである。

スペインは、別にイカのリング揚げが名物というわけではないのに、日本人の多くは何故バルへ入ると真ッ先にそれをいうのか。そして、何故あの変な形の食べ物を我慢出来るのか。日本から来た友人が、「まずイカのリング揚げ」などと言うのをきくと、私は露骨にイヤな顔をするので、

「えッ、何かまずいことでもあるのか?」

と問われる。すると私は、

「うん。あれだけはやめた方がいい」

と言っておく。「それより、イソギンチャクを食えよ」

「イソギンチャクウ?　そんなもん食うのか?　スペイン人は」

「うまいぞ。ま、料亭の味だな」

イソギンチャク。

それを食べるのは、スペイン南部アンダルシア地方の、大西洋寄りの海辺の人々だけである。他の地方には、ない。人々は知りもしない。

オルティギージャ、という。その地方のバルへ行けば当然のように出て来るが、少し内陸へ入るともう何のことやらわからないという顔をされる。だから、珍しいものであるにはちがいない。

パエージャ図
(「パエージャ、ねぎ、イソギンチャク」)

ねぎ
(「パエージャ、ねぎ、イソギンチャク」)

ペッカイート・フリト
（「パエージャ、ねぎ、イソギンチャク」）

「大家マリアの話」

「偶然の確率」

「三軒どなりの強盗団」

「三軒どなりの強盗団」

感無量

（「日本人の“国際的”危険」）

イソギンチャクの、おそらくは頭のもじゃもじゃの部分であろうところを小麦粉にまぶして油で揚げるのである。それだけ。

表面はカリッとしているが、噛むとサクッと歯が通ることは、カキフライのようである。一瞬その味もカキフライに似ているかな、と思われるが、すぐに人はアッと叫ぶであろう。カキよりもやわらかいジューシーなものが口中にくずれると共に、磯の香りがパッとひろがり、それは岩のりのようでもあり、ホヤの苦味のようでもあり、しかしまた絶妙な甘さや塩味も含んでおり、未だ連れて行ってもらったことのない高級料亭の味とはこんなものではあるまいか、と思われて、

「すごい！　これぞ料亭の味だ！」

と叫んでしまうのである。

注文すると、皿にひと山積んで来るが、そんなに沢山食べられるものでもない。三ツ四ツ味わえばよろしい。何しろ料亭の味だ。

日本でも、佐賀県でイソギンチャクを食べると聞いたが、私は試したことはない。

一般に、アンダルシアの海沿いでおいしいのは、「ペッカイート・フリト」である。正しく言えば、ペスカードス・フリトス。

魚のカラ揚げ、である。海辺のバルの裏口から貧しい漁師が持ち込んで来た地ものを、すぐに揚げて出すまでのことである。

イワシやアジ、小エビ、その他、私は魚の種類に暗いのでよくわからないが、白身や青身の大小の魚、イカもある。ただしこのイカは、紋甲イカらしく、「チョコ」という名で呼ばれ、あのふざけた輪っぱの形、リング揚げにされるイカ（カラマーレス）とは違う。形も、ちゃんと真面目に、短冊に切ってから揚げる。す

ごくうまい。

このほか、魚を一旦酢に漬けてから揚げるものをアドボというが、海辺の町ロタに住む友達のミゲルは、内陸の町のバルでそれを食べる時には、いつも、

「おれの町じゃ、アドボに酢をこんなに入れねえ！　酢を沢山入れるのは、魚が古いからだ。魚がそれ以上悪くならねえように酢を入れるんだ」

と、わめく。なるほど正論のようにも聞こえる。それを聞かざるを得ない主人またはボーイは、軽く肩をすくめて笑って言う。

「しかしここはあんたの町じゃない。ここには海はないんだ」

ミゲルはそれを聞くと、同じように肩をすくめて、首を傾げてみせる。ま、一応ミゲルの勝ち。

日本人の〝国際的〟危険

湾岸戦争のころ、国際貢献という言葉が急に出て来て、何だろうと思った。字面通りうけとれば、国際的に貢献することであり、まことに結構なことであるらしかった。

それにつれて、国際人という言葉も脚光を浴びたみたいで、しかし国際人とは何のことだろう、私は二十年余りもヨーロッパ（スペインだってヨーロッパだ）に住んでいるのだから、とりあえずおれは国際人だろうと思った。国際人は、偉いらしかった。そういえば奥多摩の山の中に、国際マス釣り場というのがあったっけ。しかし国際の意味がよくわからない。中味はただのマス釣り場である。

国際人の立場から見ると、国際人でない日本人は、三ツの点において、国際的に危ない。

ひとつは、海外旅行の時になぜか帽子をかぶること。戦前、戦中派の世代の人に多く、日射病の予防になるということらしい。しかし美術館の中でもレストランでも、かぶりっ放しの人がいる。いかにも小学生の遠足というかんじで、泥棒やひったくりから見るとカモがネギの旗を立てて、目立ってくれるのである。

二ツ目は、必ず何か手に持って歩くこと。スペインは泥棒が多いから手ぶらで歩いて下さい、とガイドから言われているだろうに、「ハイ、わたしは手ぶらで来ました」という手元を見ると、何やら小さな袋やらバッグやらを持っている。腰に巻いている人もいる。

「それは手ぶらじゃありませんね」

と言うと、

「ええ、でもこれは盗られても惜しくない安物ですし」

などと言う。盗られる、ということの意味がよくわかっていないのは、安全な日本の日本人だから仕方あるまい。トイレに置き忘れたバッグが、戻ったら失くなっていたというたぐいのことではないのだ。「まあ、さすがにスペインの空は真ッ青ねえ」などと深呼吸をしたとたん、バラバラと四、五人の浅黒い若者達にとりかこまれてはがいじめにされ、安さが自慢のバッグはおろか、全身をくまなく探られた揚げ句、なぐられたり首を絞められたりナイフで刺されたり。

第三は、何を言われたのかよくわからないくせに、すぐハイと言うこと。若い女性が愛想よくほほえんで「シ（ハイ）、シ」と言っていたら、どんなに謹厳なスペイン紳士だって、礼儀上、うす暗い所へ行きたくなる。

あきれるのは、日本では渋面を作って君臨しているお偉方でさえ、いやむしろそんな人に限って、西洋人の前に出ると、両手を思いきりひろげて満面の笑顔を作って、「オー、イエス！」などと叫んでしまうことだ。なにが、オー、イエスだ。もっとも、そう言っておけば先方と同意見だから余りしゃべらずにすむということには違いない。ノォ、などと言ったら、その理由を述べる語学力が必要なのである。

でも、日本人のオー、イエスには、何かもっと奥深い、本能的な、敗け犬が無意識に尻尾を巻くような、気分がある。これが、国際的に、一番危ない。もちろん尊敬されっこない。
小泉さん、あなたに言ってるんです。

三軒どなりの強盗団

夜中の一時ごろ、といってもマドリードではそんなに遅い時間ではない。レストランで夕食をとれば、帰りは軽く一時を回る。

その夜、私はふだん余り持たないカバンを持って、最近アラブ人街の様相を示すようになったマグダレーナ通りを、自作の詩（！）をそらんじながら歩いていた。

うしろから、二人のアラブ人の少年が私を追い越して行った。私は自作の詩を思い出すのに夢中だった。やがて二人は引き返して来て、私とすれ違った。そのとき、二人はいやに私を見た。不良少年がこちらを見るような、ちょっと挑発的な目をしていたが、よくあることなので、私は私の詩から離れなかった。

もう一度うしろから少年たちはやって来て、今度は私と反対側の歩道を、私を気にとめない風で、さっさと私を追い越して先の方へ行ってしまった。

広場に面した明るいバルの前に、さっきの二人を含む四、五人のアラブ人少年がたむろしている前を、私は通過した。少年たちは、目をみひらいて私を見ていた。中の一人が、声を出さないけれど、口をワッという形に開いて、私を上から見下ろすようにした。つまり、彼の黒目は下方に寄って、上方に余白があった。それはまるで攻撃寸前の野獣の目で、私はゾッとした。私と、私のカバンは狙われている、と私は感じたが、これまでの二十余年間、二人組の黒人に襲われてそれを撃退したことが一度あるきりだったので、つい、私は油断をしたのである。

数軒先に開いていた別のバルに、ひょいと入って、アラブの少年たちの意欲をそらすことも出来たはずだったが、私はその前を通過した。すぐそこの角を曲がれば、アトリエまでは十㍍ほどだったからである。早くたどりつこうと足を早め、角を曲がって、あと数㍍でアトリエの扉というとき、うしろからパタパタという足音が追って来た。

しまった！　と思った。ちょっと待ってくれ、と思った。だが少年たちは容赦なく、無言のまま私にとびかかって来た。四人だった。四方から手が伸びて、八方に引っぱられた。正面の大柄の少年が、アラブ語独特のズーズー弁で三人に下知していた。一人が私のカバンをうばい取り、一つの手がズボンの左、別の手が右のポケットに突っ込まれた。私は身を屈してじっとして耐えた。うしろから、少年の柔らかい手が私の口をふさぎ、もう一方の手が私の後頭部を押さえつけていた。羊臭いアラブ人独特の体臭が鼻に満ちた。

頭を急に動かしたら、口をおさえた手がはずれた。私は押しつぶされたような声で、思いきり、

「ソコーロ！（助けてくれ）」

と三回叫んだ。上の方で窓の開く音がきこえた。少年たちはさっと走り出したが、一人がすぐ戻って来て、私のズボンの左ポケットを強く引っぱって裂き、そして走り去った。そのあとの石ダタミに、上階のバルコンの誰かが投げつけた植木鉢が、割れてはじけた。

アラブ人の少年たちに襲われて、カバンと財布を奪われた。その間私は身を屈してじっとしている他なかった。ズボンの右ポケットには、アトリエの鍵が五ツ、自宅の鍵が四ツ、束になって入っていて、これを盗られるとあと家に侵入されるかもしれないと思って、そればかりを右手で、ポケットの中で握りしめていた。結局、それは盗られずに済んだ。

四人の少年が逃げ去ったあとに、私はハアハアいいながら、呆然《ぼうぜん》と立ちすくんでいた。アトリエまであと数㍍である。情けなくて、動く気がしなかった。

無人の深夜だと思ったのに、数人の人が寄って来た。欧米人らしい外国人のカップルが携帯電話を貸してくれたので、警察に電話した。犬を散歩させていた婦人が近づいて来て、

「あいつらを知ってるよ。アルジェリアのガキ共でそこのペンション・ダニエルに住んでるんだよ」

と教えてくれた。

やがてパトカーが着き、巡査が二人、制帽をかぶらずに、おりて来た。事情を説明して、先の婦人が教えてくれたペンションの名を告げた。それは私のアトリエの三軒どなり、二十㍍ほどのところにあった。私たちはそこへ歩いて行った。強盗を働いた少年たちがすぐにこんな近くの宿に戻るとは思えなかったが。巡査二人は、私を道に置いたまま、警棒をふり立ててドカドカと階段を上がって行った。それからまもなく、見すぼらしいアルジェリアの少年たちを六、七人も引きおろしてきて、道に並ばせたのである。

「さあ」

と巡査の一人が私に向かって言った。「この中の誰があんたを襲ったのかね」

私は興奮していて、頭がうまく回らなかったけれど、さすがにこの質問には呆《あき》れた。

もし仮にこの中に犯人がいたとしても、何で、こいつだ、などといえよう。捕まっても、留置場が満員だという理由で、三日もすれば町に舞い戻るのである。こんなに面と向かっているのだから、顔を覚えられたにきまっている。私はしかえしをされ、また間抜けな巡査が、どうしました、と言ってやって来るだけのことだ。第一、少年達の顔はうす汚れていて皆同じにみえる。ただ、アラブ人、として見えるだけなのだ。

「わからない」

と、私は答えた。彼らは放免され、私は警察に連れて行かれた。係官は明るい蛍光灯の下で、鼻唄まじりに書類をタイプしながら言う。

「奴らはパスポートもない。強制送還しても、アルジェリア側は当国民じゃないという。刑務所は満員だ。という訳さ。気をつけなよ」

それから、町で毎日のように彼ら――強盗団――を見かける。三軒どなりに住む者同士。むこうも忙しいらしく、私の顔など忘れてしまったらしい。また新しいカモを探して、ホラ、あそこの角に立っている。

消えた下町の風情

私のアトリエは、マドリードの中心に近いティルソ・デ・モリーナ広場のすぐそばだ。画学生時代のピカソもこの辺に住んでいた。フラメンコダンサーのホアキン・コルテスも、そこの黄色いアパートに住んでいるらしい。

この広場ではいつも、酔っ払い、ホームレス、亡命者、泥棒、等々が集って憩いのひとときをすごしている。彼らはよく酒びんを振り上げてケンカをする。通行人はそれを遠巻きにして眺めるのだが、その表情はヤジ馬のそれではなく、ゆううつそうにくもっている。

だって、ほんの十年ほど前までは、この界隈《かいわい》は下町情緒あふれる良い所だった。三軒ごとにバルがあった。ムール貝専門バル、カタツムリ専門バル、老人専門バル、ドミノの客ばっかりのバル、年老いた娼婦のいるバル、フラメンコたちの集まるバル、つまみにゆでた芋ばかり出すバル、友達しか来ないバル、カウンターにはじめてステンレスを張ったバル、大きなカラーテレビのあるバル、朝五時までやってるバル、朝五時から朝食菓子のチュロを揚げてるバル……。一晩中ハシゴをして明るくなったころ、「さあ、仕上げに一杯アニス酒を飲《や》ろう。こいつを飲んどくと二日酔いにならない」などと言って、一杯どころか十杯飲んで、アニス酒のせいで二日酔いになったりした。

人は、まるでオットセイが泳ぐように、バルの間を泳いで回ったものだ。楽しかった。

それが、あのセビリア万博とバルセロナオリンピックの年、つまり盆と正月が一緒にやって来た九二年、を境に変わった。人々は生活の楽しみよりお金の刺激の方に心奪われた。物価は上がり、麻薬がはんらんし、金が巡り、従ってあちこちの貧しい国々、アフリカや南米やポーランドやルーマニアやボスニアから出稼ぎや亡命者や密入国者が入って来た。多くのバルの主人は老人だったから、引退してバルを売った。すると次に買う人は、小商いのバルなどやらず、なぜか洋服問屋にした。で、あっという間にこの辺は洋服問屋の三角地帯などとよばれるようになってしまった。すぐ隣の道には、中国人とアラブ人の安アクセサリー問屋がびっしり並んだ。中国人とアラブ人。こんなに似合わない人々もあるまい。それが隣同士。呉越同舟。よく小ぜり合いがあり、先頃はアラブ側に死人が出た。

むかしからの住人は、悲しい。もうこの辺にバルは一軒しかない。あとは、貧しい黒人で一杯の安中華料理屋と、アラブ人で一杯の安クスクス料理屋が一軒ずつあるばかりだ。

人種を差別してはいけない。なるほど。しかし私は、むこうから来るアラブ人には注意する。アルジェリア人の強盗かもしれないし、モロッコ商人と刺し合いをした中国人と私が混同されているかもしれない。油断のない目付きで私は彼らを見る。人道主義者がそれを見たら、まるで差別のまなざし、に見えるかもしれない。が、私は、パレスチナの人々もきっとそうであるように、静かに暮らしたいだけなのだ。

操縦室の真実

何やらのクジで、カナリア諸島一週間の旅が当たったことがある。

飛行機が嫌いなので船にしてもらえないだろうか、などとゴネたが、結局飛行機で行くほかはなかった。スペインの航空会社の大型ジェットだった。

離陸してしばらく後、前方を見ると、操縦室の扉が開放になっていて、前方からの風にカーテンがひらひらしている。窓から風が入ってくるんだなあァ、とぼんやり思っていたが、そんなはずはない。機が上方に向かっているので、カーテンがこちらに垂れてゆらゆらしているのだった。

やがて水平飛行に移った。操縦室の扉は相かわらず開きっ放しで、前方の突き当たりに白く輝く空が見えている。時折、客らしい若い女性達が、ひらひらしたカーテンの向こうへ入って行ったり、出て来たりするのが見える。ハイジャックってなあに、という呑気《のんき》さである。

私もスチュワーデスに頼んでみたら、どうぞどうぞ、と二ツ返事で操縦室に招き入れられた。

計器にびっしり取り囲まれた狭い空間に、大男の乗務員が三人いた。それぞれと握手をした。思いがけなく小さな細長い窓はパノラマ写真のようで、青い海と、はるか遠くにぽつりと島影がふたつ見えた。しかし風景は動かないので、その窓が前方に向いているのか、側面なのか、判然としない。自動操縦になっているらしく、彼らはそこで退屈そうにしていた。

機長は、野球帽をかぶった、猿みたいな顔の男で、窓に背を向け、こちらむきに座ってべらべらよくしゃべった。その手がエンジンレバーのカバーをカチャカチャもてあそんでいる。若い副機長は機長の方、つまり横を向いて、機長の冗談によく反応して笑う。

「飛んでいてＵＦＯに出会ったことはありませんか？」

と私は機長にたずねた。機長は、

「会ったことはないね、幸いにして」

と言って笑った。

らちもない雑談に興じていると、遠くに見えていた島がもう大きくなっていた。

「さて、そろそろ準備するか」

と機長が言ったので、「じゃ席へ戻ります」と私は言った。しかし通信士は「いいよ、そこに席が空いてるから見てなさい」と言ったのである。私はもう一度クジに当たったような気がした。機長のすぐうしろの席にすわり込み、両肩をおさえる安全ベルトをカチャリとはめた。うしろの扉はいつの間にか閉じられており、私の頭の中は興奮で吹き飛びそうになっていた。

機長はちゃんと前方を向いて座り、その右側に副機長が並ぶ。通信士は右壁いっぱいの機器の前に座を占めた。三人とも、もう笑わず、真剣な表情になって、それぞれレシーバーを耳に当てた。その時、通信士が前の二人に向かって言った。

「ブエン・トラバホ（良い仕事を）」

一挙に緊張が増した。

思いがけなく、ジェット旅客機の操縦室に入れてもらい、着陸までその席で見せてもらうことになった。百年に一度の僥倖《ぎょうこう》ではないか。パイロットの邪魔にならぬよう、やっぱり出てってくれと言われぬよう、私は呼吸も静かにした。

猿のような顔の機長は、半袖のワイシャツのまま、操縦桿《かん》を握った。若い副機長は、両手を膝の上に置いて神妙に座っている。私の右隣の通信士は前方をにらんで、もう私の方に目もくれない。

さっきまでは快晴だったのに、島の上空は雲ばかりとなった。テネリフェ島である。航空史上最悪の大事故というのが、いつぞやあったところで、天候の悪いので有名である。

機は、階段状にゆっくり下って行く。下降する時は、まるで真下に落ちてゆくジェットコースターのような感じで、これは客席に座っていたのではまったく分からない感覚だった。私はジェットコースターは嫌いだが、何百人もの旅客の命を背負った大きな物体の先端で、目の前に拡がる真ッ白な雲だけの虚空を見つめているのは、気に入った。

やがて、下るにつれ雲は濃密になってきた。窓の外はどんどん暗くなってきて、外側からヒョウのようなものがバリバリッと窓ガラスに当たる音がした。機長は右腕を伸ばして、上方にあるボタンを押した。それには英語で、

ANTI　ICE

と書かれてあった。

さっきから気づいていたことであるが、この操縦室の機器は、あちこち塗装がはげている。どこかの大手

の航空会社のお下がりというかんじに見えたけれど、いま機長らが緊張しながら操っている様子を見ると、それらはむしろ使い込まれてたのもしいものに見えた。

管制塔から英語でいろいろの指示が入って来る。スペイン語しか話せないのかと思われた機長が、英語で応答しているのもたのもしい。

何度も急降下を繰り返しては下っていくのがよくわかる。しかし視界は、黒雲につつまれてほとんど真ッ暗である。テネリフェ空港は谷あいにある。そのうち山にでもぶつかりゃしないだろうか、と不安になる。機長以下三人の切迫した沈黙は、私の不安と同質のように思われた。彼らも怖いのではないか。

突然、雲がなくなった。まばゆい光の中、ただ一本の白い線が目に飛び込んで来た。滑走路の真上に出たのだ。ただし機は真下を向いており、滑走路にぶつかって行くのである。わッ！　もうダメだ！　でも凄《すご》い！　もう死ぬ！　ダメだ！　行けッ！　と、訳のわからぬことを私は心の中で叫んでいた。機長は、操縦桿をカチャカチャと左右に、すごい勢いで動かしている。自動車のハンドルだってこんなに早くは動かすまいほどだった。だが、気づくと機は滑走路を、狂ったような速さですべっていた。

止まってから、機長がふうッと嘆息をついて振り返った。私は彼と握手をして、ゾッとした。彼の手は汗でびっしょりぬれていたのである。

生ハムを愛す

東西を問わず、高級なレストランや料理屋、ないし寿司屋《すし》には、自分から行けないという、一種のトラウマが私にある。それはトラウマではなく財布の問題であろうと人はいうかもしれないが、断じて違う。ここで断じるほどに力むのもおかしいが、違うのである。

気軽にそういうところへ出入りし、あるいは寿司屋のカウンターであれこれ注文などする人を見ると、私は、きっとその人は運転免許を持っており、パソコンやワープロを自在にこなす人なのだろうな、と心からうらやましく思ってしまい、劣等感でいっぱいになるのだ。

自分からは行けないが、他人の尻について行くのならちっともトラウマが出ない。どんな高級店でも平気である。それどころか、大好きである。

半年前から予約をしないと入れないというふれこみの東京のイタリア料理店に、連れて行ってもらったことがある。前菜に出て来たのが、イタリア料理店でありながらスペインの生ハムであった。イタリアにもプロシュートという生ハムはある。それも、ま、うまい。しかしスペインの生ハム、それもドングリの林で自

呉越同舟

（「消えた下町の風情」）

機長

（「操縦室の真実」）

機長
（「操縦室の真実」）

「生ハムを愛す」

然に育てたイベリア種の黒豚の生ハムは、世界に比類がない。その店の人は、

「うまいものは仕方がないですよね。国境はありませんよ」

と言った。仕方ないほどに、うまい。

もともとハモン・セラーノという普通の白豚の生ハムがポピュラーだが、うまいのはハモン・イベリコまたはハモン・デ・ベジョータ（どんぐり）といって、値段は五倍、味は五十倍ちがう。主にスペイン南部の山岳地方で放し飼いにされた黒豚の後脚を、塩をしてから吊して、自然乾燥する。くん製ではない。一年半ほどの間に肉の内部からある種の発酵をするらしい。独特の味と香り、艶。うすく切ったそれは、深い紅色を呈し、仮にワイングラスの縁にのせてみると、そのまま橋のようにかかって下に落ちない張りがある。他のハムなら、ぺたりと落ちてグラスに貼りついてしまう。

スペインの庶民は、これを丁度日本の庶民がマグロの中トロを愛するように愛す。丁寧に切り、大切に食べる。大ごちそうであるが、手の届かぬものでもない。ふと思いついた折に食べて、幸福を感じてやまぬようなものである。

私はたまの帰国のお土産に、数百グラム買うことがある。一万円以上する。当然店も選び、個体も味見させてもらう。顔見知りになった女主人が、ある時、みすぼらしい上着とネクタイの老人の客を紹介して言った。

「こちらは、私の店の一番のお客さんです」

たまにではあるが一万円も買う私こそ上客だと思っていたので、一寸鼻白んだ。

「この方は、毎日たった三切れのハモン・デ・ベジョータを買うんです。一切れはここで、あとの二切れは家に帰って召し上がります。毎日です」

私は感心して黙った。そして恥ずかしそうに顔を赤くしている、その老人に乾杯した。

「一般」なんてどこにもない

卵の黄身には、コレステロールが沢山含まれているから、一日に二個だか三個以上食べてはいけないというようなことを、私は聞き知っていたけれども、最近のニュースで、卵の白身にはコレステロールを吸収させない働きがあって、黄身も白身も一緒に食べると血中のコレステロールは増えないという実験結果が出た、と知った。

そんな単純な実験を、今までしないままに、卵はコレステロールの宝庫などと騒いでいたのか、と、私はせせら笑うような気持ちで、ある友人のことを思い出していた。

ベンジャミンというアメリカ人の名は、スペインではベンハミンとよばれる。彼の名がそれであった。カリフォルニア出身の、フラメンコギタリストである。三十代中ば位だっただろうか。茫洋《ぼうよう》とした好人物で、マドリードにいるかと思えば、南のアンダルシアで遊んでいたりする、風来坊だった。

ある時、四、五人でウッディ・アレンの映画の話をしていた。しかし当のアメリカ人であるベンハミンは、ウッディ・アレンを知らないという。

「嘘だろう。知らないってこたあないだろう。ウッディ・アレンだぜ」

「知らない。それ何だ？」

「映画俳優だよう、アメリカの。アメリカの、だぜ」

「……知らないなあ」

「いいか、ウッディだよ。ウッドだよ、ホラ、このテーブルは木だろ、ウッドだろ、そのウッディだよ」

と私はわけのわからぬことを言い出さずにはおられず、彼はますます混迷の度を深めた。皆が口々にウッディ・アレンと叫んだが、わからなかった。最後に誰かが言った。

「わかった。こいつはカリフォルニアの山の中なんで、映画館もねえんだ」

皆笑ったが、ベンハミンは、

「映画館あるよ」

と言う。仕方ない、話題を替えよう、と言ってしばらくしたら、ベンハミンが叫んだ。

「あーん、ウリアーラン！」

どうやら、日本人とスペイン人の発音が悪かったらしい（おおむね右のようにきこえたのだが、たしかではない）。

ベンハミンは、貧しさもあって、一日の食事に生卵二ダースを飲む、という。他には何も食べない、と。その時私はコレステロールの心配を口に出した。するとベンハミンは言った。

「そんなのは嘘だ。おれの体は何でもない。そんなことを信じるのは馬鹿だよ」

彼はすこぶる元気だったので、私は彼を信じた。だから右のニュースを見た時、嬉しかったのだ。

またある時、私が、

「アメリカ人は一般に日本人より背が高い」

と言うと、

「そんなことはない。一般に、という言い方にはいつだって嘘がある。一般、なんてどこにもない。人間は一人ずつ皆違う」

と言った。この一言に私は大きな衝撃を受けた。まさに個人と個人はちっとも憎んでいないのに、○○人一般と××人一般は世界中で殺し合っているのである。

「歴史の真実」は怖い

たった今テレビでスピルバーグ監督の映画「シンドラーのリスト」をやっている。スペイン語に吹き替えてある。

私はこの映画を見ていない。いろいろ評判をきいているので、この放映を見ようかなと思っていた。しかし、いざその時間になったら、気がすすまなくなってきた。ナチス・ドイツの、ユダヤ人虐殺がテーマだという。画面も白黒だという。凄《すご》い映画だという。感動的だという。

凄いとか、感動的だとか、世間でいわれているようなものには、尻を向けるのが私のやり方である。しかしこの映画はそんなものでなく、歴史の真実があるのだという。

怖い。

暖房の効いた室で、パンツ一丁になってソファーに半分寝ころんで見るには、怖すぎる、という予感がする。同じテレビで、「エイリアン」とか「ジェイソン」とかいう映画の放映予告もやっていたが、こういうのは怖くない。作り物だから。あたりまえだ。しかし、つい数十年前にあった、本当の戦争の怖ろしい話は、怖ろしすぎる。映画の中の他人事としてなら、見ることが出来る。しかし、これは本当のことだ。ナチス・ドイツは、本当にユダヤ人を虐殺したのだ。どうしてそれを、ソファーに座って眺められるだろう。

怖い。

怖いもの見たさで、チャンネルを回してみた。沢山のユダヤ人の老人や子供や大人が雪かきをさせられている。役に立ちそうにない老人が、ナチスの軍人に射殺された。これはきっと本当のことだろう。怖い。チャンネルを他へ回した。

サッカーが出てきた。スペインのテレビはいつでもサッカー番組だ。レアル・マドリのチームが、見事な連携プレーでゴールを決めた昨日のシーンを、繰り返しやっている。このゴールには町中がどよめいた。私は何だって皆で一斉にやるものが嫌いだ。野球もサッカーも、戦争も革命もクリスマスも正月も嫌いである。

また怖いもの見たさで、「シンドラー…」に回す。運動場で人々が全裸にされて、ナチスの将校達がそれを選別している。おごりたかぶったひとつの国の人間が、一体何の権利を与えられてこんなことが出来るのだろう。心身がふるえてきた。チャンネルを回す。万聖祭の四連休で起こった交通事故の特集。横転した車を起こす消防士達。川に落ちた車の中で死亡した人々。また「シンドラー…」に回す。貨車につめ込まれた老人たちがあえいでいる。白い背広の男が命じてホースの水を貨車にかけてやっている。他のナチスの士官達が笑ってそれを眺めている。天井から落ちる水をむさぼり飲む老人たち。また心身がふるえてきた。同じ大戦で私の父はシベリアに二年間捕虜になっていた。生還して私をもうけた。シベリアで貨車につめ込まれたと言っていた。チャンネルを回したら、スペインで和平交渉をするアラファト議長とイスラエルの首相が、笑顔で握手をしていた。それからアフガニスタンの空爆が少しだけ映って、万能洗剤のコマーシャルになった。

地平線の町

アランダ・デ・ドゥエロという町がある。マドリードの北、百キロから二百キロの間ぐらいである。今ちょっと地図を出して調べて見たが、何キロあるのかよくわからない。縮尺が地図に書かれていないのである。スペイン人がわからなくても済むのだから、日本人の私がわからなくてもよかろう。

カスティーリャ平原の真ん中で、見わたす限りの地平線の中の町である。以前、一人旅で行ったのが丁度今時分、つまり冬のはじまりの頃なので、思い出したのである。

汽車で行った。耕地だとはわかるのだが、何も植わっていない赤土が地平線まで続いている。そんなところをえんえんと走った。退屈のままに窓枠に頬杖《ほおづえ》をついて外を眺めていると、赤土色の視野の中、青い作業着の男がたった一人、シャベルで土を掘っているのが見えた。

ははあ、人か、と思ったが、考えてみるとちょっと奇妙な光景であった。

だってこの男は、一体どこから来たのだ?

近くに車もない。町も村も見えない。木立さえない。線路が軽くカーブして、かなり遠くまでこの男の青い服が見えたが、それでもやっぱり周囲には何もないのだった。

ゴッホに、炎天下の畑で麦刈りをする男の絵があるが、丁度あんな感じで動いている。ただ、男の背中からすぐ始まる空は、黄色くない。どんよりと灰色に曇っている。土は湿って、赤い。午後も随分遅く、日は暮れんばかりに暗い。農夫が勇んで働くような時間とは思われない。

何をしているんだろう？

どこから来たんだろう？

どこへ、どうやって帰るんだろう？

眺めるほどに不思議であったが、男はただ黙々と存在していた。やがて、それも視界から去ってしまい、音のない音楽のようなものが、胸の中に小さな空間となって残った。

「地上」という言葉がぼんやり浮かんだ。

アランダ・デ・ドゥエロへ着くと、降り立ったプラットフォームは、もう地平線の一部だった。ほんの五十㌢程下の線路にとび降りて、レールをまたいで、人々は町の方へ向かった。果たして今もそうか、はわからない。私が行ったのは、何年前かは忘れたが、随分以前である。

プラットフォームの白いコンクリートの上を、もっと白い風が、しゅうしゅうと音を立てて、線を引っぱるようにして渡って行くのが、目に見えるようだった。寒かった。

その駅前から、おんぼろのバスが出そうにしていた。行き先はペニャランダ・デ・ドゥエロとあった。それがどこかは知らなかったが、乗ってしまった。今ガイドブックを見ると、アランダ・デ・ドゥエロから十八キロ、人口六百六十人と書いてある。町というより、村である。

ペニャランダ・デ・ドゥエロへ着くと同時に、ぱたりと暗くなってしまった。

ペニャランダ・デ・ドゥエロの村へ着いたら暗くなった、と私は書いたが、それは記憶ちがいらしい。私はその村へ入るのに、ドゥエロ川をまたぐ石の橋を渡ったのを思い出したからである。川は茶色く濁って早いのを見た覚えがある。らんかんから川を見ていると、通りかかった子供たちが、

「チーノ！」

と言って私を呼んだのだった。中国人、という意味だ。スペイン人がこれを発音すると、チの音が非常に強く耳ざわりで、快くきこえない。含まれる意味合いも、単に中国人を指すよりは、明らかな軽蔑の色が感じられる。一九七三年に私がはじめてスペインに来た頃には、道で子供たちにこう呼ばれるたびに、その子たちを追いかけ回すという日本人がいた。そのくらい差別的な響きがあったのである。

しかし徐々にスペイン人も進歩をして来て、チーノに見えるのは何も中国人ばかりじゃない、韓国人も日本人もベトナム人もいるのだ、という認識が流行してきた。だから首都マドリードではもう、東洋人にむかってそう呼びたてることで、自らの優越を感じるということが成立しなくなってしまった。へたに「チーノ！」と叫んでも、「バカ、あいつは日本人《ハポネス》だぞ。おまえはそんなこともわからないのか」と言われることの方が多くなったからだ。それもこれも流行である。差別は長い流行である。

そんなわけで、橋の上でかかった「チーノ！」の呼び声が、とても懐かしく感じられたのだった。その子たちは、青ばなこそ垂らしてはいなかったが、古典的な田舎の子供たちだった。古い所にやって来たなあ、と、私は一人笑ってしまった。

広場は、二、三階建ての家々に囲まれていた。一階の部分がアーケードになっている、典型的なカスティーリャ地方の村の景色である。ドン・キホーテが出て来てもおかしくない。古めかしく、美しい。

広場の左隅にある教会の壁に、

「ヘネラリッシモ・フランコ・プレセンテ！」

とペンキで大書してあったので、私はちょっとおどろいた。フランコ大将軍参上、というわけだ。ヒトラーの友達、フランコが死んでからもう何年か経っていて、時代は「民主主義」であった。すでに「フランコ」は禁句となっている。フランコの時代には「民主主義」と「自由」は禁句だったのに（そんなスペイン人の変わり身の早さと深刻さを、最近のスペイン映画「蝶の舌」は、あまりにも辛らつに正しく表現している）。

この村には、色々な時代が、それぞれに時代遅れしつつ存在しているらしかった。

どのみち、そこへ私が着いたのは午後遅くであったはずだ。十分も歩けば一周してしまうような村の思い出は、寒い曇り空の暗い夕方の風景なのである。

いつの間にか、私のそばに知恵遅れの双子の少年たちがくっついて来て、一緒に歩き回っていた。

その知恵遅れの双子の少年たちは、私をチーノと呼ばなかった。私が広場のバルに入ると、一生懸命に大人びた風を装いながら一緒に入って来た。

コーヒーを立ち飲みしながら外を眺めていると、雨が降って来た。冬は始まったばかりなのに、寒かった。

このペニャランダ・デ・ドゥエロの小さな村から、十八㌔むこうのアランダ・デ・ドゥエロの町へ戻ろうと思った。バルの主人にきいてみると、しかしもうアランダ行きのバスはない、という。仕方ない。宿を探そう、と私は思い、双子の少年にそう告げた。彼らは、

「おう、おれたちがよ、探すからよ、な、な、な」

と言った。急に頼もしく見えてきた。彼らと三人で村のあちこちの家の戸をたたいて、きいて回ったが、私の風体が悪いのか、彼らの信用がないのか、あるいは本当に余分のベッドがないのか、どの家も泊めてはくれなかった。ホテルもペンションもない、人口六百六十人の村である。

鉄格子の間から手を入れて、ガラス窓を双子の一人が勢いよくたたくと、中のよろい戸が渋々細く開いて、老婆がこちらの話をきくより先に首を横に振る様子が、ありありと目に残っている。彼女のうしろの、暖かそうな電灯の色も。

双子の少年はさすがにがっかりとしょげて、申しわけなさそうだった。しかしもうどうすることも出来ず、また広場のバルに戻った。

「おれは、まあ、歩いてアランダへ行くよ」

と、私は礼を言って、彼らと別れた。雨はしとしと降っていた。雨具はない。小さなカバンをひとつ、肩から下げているばかりである。外はもう薄闇。通る車もない。

私は歩き出した。すぐに村はおしまいになった。バルの主人にきいた道は、何もない荒野の方へ続いていた。その上には空しかなく、つまりそれは闇であった。

どのくらい歩いたかしら、私は、行く手に犬の遠吠えをかすかにきいて、ぴたりと足が止まってしまった。闇も雨も寒さも、覚悟の上で歩きはじめたのだったが、犬は私の我慢できないものである。むかし、このへんには狼がいたという、バルの主人の話を思い出した。

またもと来た闇へ引き返した。村の広場のアーケードのどこかで朝を待とうと思った。やがて、むこうから車のライトが近づいて来た。手を上げてみると、止まってくれた。それはバスだった。

「運が良かったね。いつもはないんだが、今日はこのバスをアランダの車庫に戻すのさ。バルの主人が、途中であんたを拾ってやってくれって言ってたから、ずっと探しながら来たんだよ」

すぐに雨脚が音を立てて強くなり、水が道をおおって川のように流れる様が、ライトの中に見えたので、私は天に感謝した。

アランダ・デ・ドゥエロの町で泊まった翌朝、私はマドリードへ帰ることにした。町はずれの駅へ、またやって来た。

ゆうべはあんな大雨だったのに、快晴だった。プラットフォームのすぐ上はもう青空で、そこを白い風が、来た日と同じに、線を引くように、しゅうしゅう音を立てて流れていた。風が目に見える土地だ、と思った。

十人ほどが、随分長いことそこに佇《たたず》んで、汽車を待っていた。寒かった。

青空のむこうから、小さな汽車が大きくなって、着いた。みな、その高いデッキへよじ登るようにして乗った。

誰もいないコンパートメントを見つけて座ると、すぐ後から、やせたみすぼらしい老人が入ってきて、私のむかいに座った。

私はサンドイッチのようなものを持っており、それを食べたくなったので、取り出して、まず老人にすすめた。それはスペインの習慣である。大体は形式的なものだが、親愛のしるしに、先方はそれを少しちぎってもらうこともある。老人は、ありがとう、と言って断った。

彼は、ずっと小さなカバンをひざの上にのせ、それにしがみつくようにしてうつむいているのだった。

「そのカバンを脇へ置いたらどうですか？」

と私は言ってみた。

「いいんです」

と老人は言い、しばらくしてから、

「どちらから来なすったのか」

ときいた。

「日本です」

また随分たってから、

「日本には、ああいうものはあるかね?」

と窓の外をさしてきいた。

赤い土が地平線まで続いていた。よく見ると、地面から黒い人間の手のようなものが突き出している。それが沢山あって不気味である。

「あれが何だかわかるかね?」

「いや……何ですか?」

「ブドウの木だよ。冬は枝を切ってある」

その時はじめて知った。スペインのブドウは棚に作らず、腰ほどの木なのである。

「マドリードまで行くんですか?」

「生まれてはじめてさ。軍の病院がある所を知ってるかね?」

「病院ですか」

「病院。息子が入院している」

「お気の毒に。病気ですか」

「病気じゃない。ケガをした。兵役で、鉄砲の訓練でさ」

これさ、と言って、老人は顔の前で握ったこぶしを急に開いてみせた。銃が暴発したらしい。それきり、老人はまたうつむいて黙った。

マドリードに着くと、病院の方へ行く電車の改札口まで、老人を案内した。彼は、そうかとつぶやいたきり、後ろも見ずにそこを入って行った。病院は、クアトロ・ビエントス（四つの風）というところにある。

数えるのをやめた

アラブ人の大家、マリア・ベン・アブダッラー婆さんの近況を御報告したい。

家賃の支払日が過ぎたので、彼女に電話を三日間し続けたのに、出ない。八十歳に近い彼女は、野良猫のような麻薬息子と二人暮らしであるから、生死が心配である。どうしたものかと思って四日目にかけたら、出てきた。

「お元気ですか？　一週間前から四千回電話しましたよ。心配しましたよ」

「ヒッヒッヒッ、ま、聞こえなかったのさ。体調も良くないしね」

「じゃあ、家賃は送りましょうか」

「いんや、おいで。あんたに会いたい」

翌日の午後に行った。いくら目をこらしても元の色がわからない、泥色のガウンをはおっている。

「心配しましたよ。お元気そうでよかった」

「元気じゃないよ。医者が言ってた。もう治らないってさ」

ベンハミン
（「『一般』なんてどこにもない」）

アランダの郊外
（「地平線の町」）

「地平線の町」

ペニャランダの兄弟
(「地平線の町」)

汽車の老人（「地平線の町」）

「『歴史の真実』は怖い」

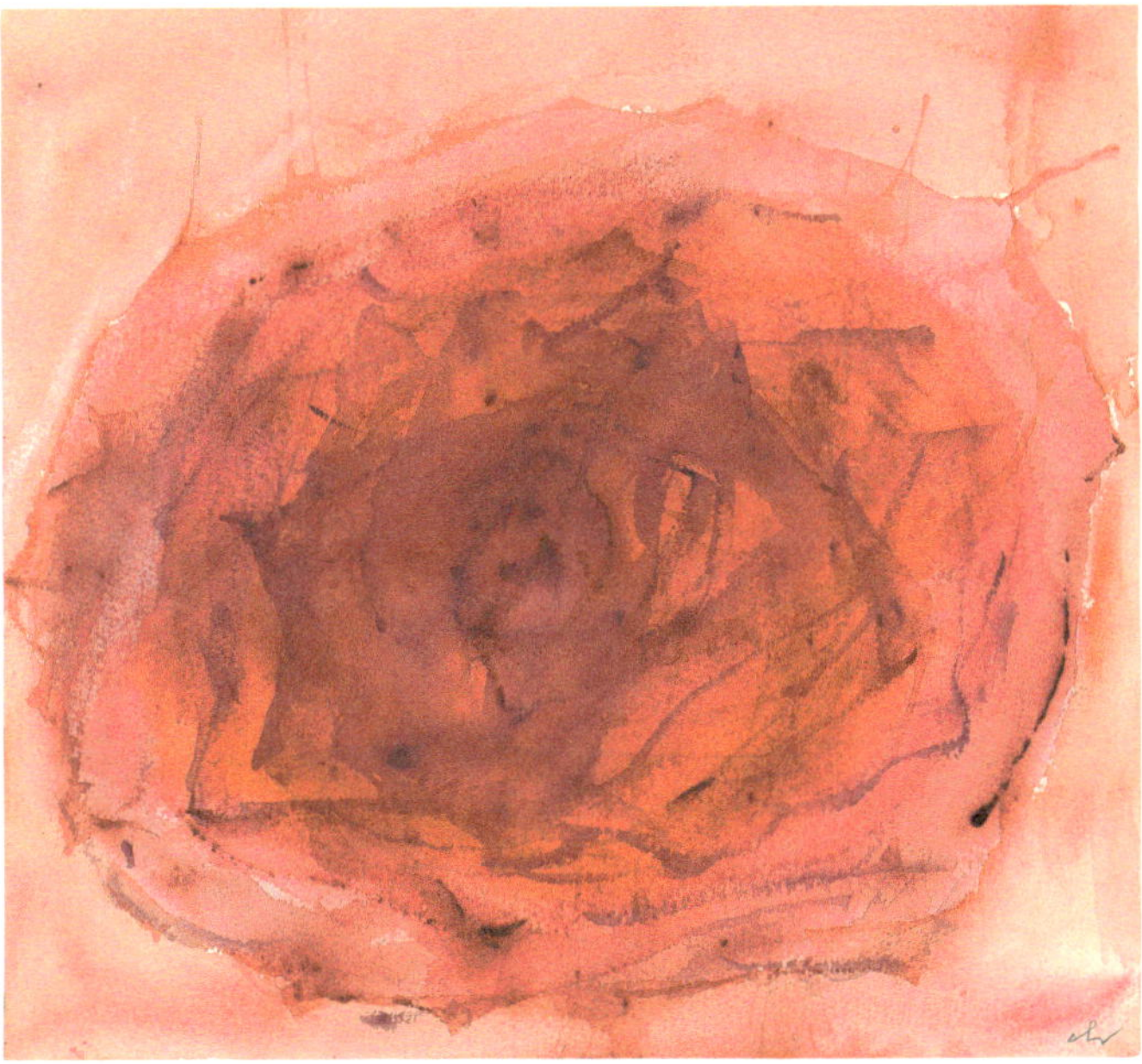

「何という紅さ」

大家マリア
（「数えるのをやめた」）

よく見れば、かさついた艶のない顔色である。

「何故ですか?」

「肝炎だろ、リウマチだろ、左膝が痛いと思ったら右膝だろ、頭も痛いし、全部だ」

「うーむ。それじゃ薬草を飲みなさい。医者のくれる薬ばかり飲んでちゃダメですよ」

「何て薬草だい?」

「町の薬草屋で聞いてみなさい。大体天候が悪い。急に寒くなった」

「あたしゃ寒い方が好きだ」

サロンのテレビの音量がやけに大きく、ピーッという甲高い雑音が鳴り続けている。

「セニョーラ、この雑音で頭痛が起きるんですよ」

「わかってるよ。あんた、コーヒー飲むか、ビール飲むか?」

「いりません。すぐ帰ります」

「ダメだ。何か飲みなさい。冷たいものがいいか」

画面が紫一色の古いテレビの台になっている冷蔵庫をあけたら、わっと肉類の腐臭がした。彼女はそこから出したオレンジジュースをコップについで私によこした。私はそれを飲んだ。彼女はそれを見て、今度はガラス戸棚からブランデーを出して無理やりすすめた。私はポケットから札を出して数え、彼女に渡した。彼女は、ふんと言って数え直し、彼女の持っている別の二ツのアパートの家賃は、私の借りているアトリエのそれより三割方高いことを言い出した。まずい風向きである。

「あんたは何年あすこを借りてるんだっけね?」

「セニョーラ。僕はもう数えることをやめたんですよ。何もかもね!　おとといは僕の誕生日だったんです

「だから数えるのをやめたんです。年齢も知らない。お金もいくらあるのか知らない。数えたって増えませんよ。むしろ数えるから減るんです。知ったこっちゃありませんよ！」

大声で、気迫を込めた。老婆は力なく笑って、諦《あきら》めた。

「おや、それはおめでとう。いくつだい？」

よ」

何という紅さ

画布にバラの花びらを貼りつけてみようと思い立ったので、妻に買ってきてくれるよう頼んだ。

翌日、彼女は十四、五本の赤いバラを買ってきて、サロンのヤカンに入れた。昼ごろ起き出した私は、それを見て、

「あっ」

とびっくりしてしまった。

何という紅さ！

今までにバラを見たことがない訳ではない。家の中に花が飾られたことがない訳ではない。それなのに、この目覚しい紅い花に、今さらながら打たれてしまった。美、というより、これは力だった。

これがバラか。すると、今まで私はバラを、見たつもりになって実は見ていなかったのであろうか。

いや、私はいつもバラを、よその家で見ていたのである。

バラはいつだってこうなのに、私の住む狭苦しい、乱雑な家で見るのははじめてなので、ことさらに美し

く感じたのではあるまいか。いつもテレビで見ている女優が自分の家へやって来たならどうであろう、という理屈である。

私は、ただソファにひっくりかえって、ぬれたビロードのような、その真紅の花びらの固まりを、呆然と眺めていた。

「すげえなァ、バラってこういうのだったのかあ!」

と、私は嘆息をついた。妻は、

「すごいでしょ。右の方の七、八本は一本百五十ペセタ、左の方の七、八本は一本五百ペセタ。茎の太さが違う」

と、現実的なことを言った。

「ふーん。高えなあ。しかし、どっちも同じようにすごいぜ。むかしの日本の絵描きはよくこんなものを描く気になったなあ。これはちょっと、描くっていうようなもんじゃねえぞ」

絶世の美女に出くわしたり、空腹の目の前にラーメンが置かれたりした時に、すぐにスケッチブックを取り出したりすることは、私には出来ない。同じ理由で、こんなに凄《すさ》まじい力を放つ花を前にしては、人はただボオッと眺める他はないのである。だから、金ピカの額にはまったバラの絵は、やっぱり画商に描かされたんだよなあ、と私は思った。だって、全然違う。それよりこれは、ドゥエロ川流域産のあの高価な赤ワインの色にそっくりだよ。

しかし、そんな呟《つぶや》きも、目の前の、何のゆえにかくも紅いのか、息を呑むような力強い渦巻きの中に巻き込まれてしまうのだった。私はただ眺めている。私も、私の家の小さな空間も、バラに支配されている。こんなことがあるのだ。

それから二日後に、ようやく私は、少しばかり水々しさの引いた花びらを、二枚だけむしって画布に貼った。

つまんねえよ!

闘牛を見て、牛を可愛そうだと言って泣いた男は、マキちゃんである。

マキちゃんこと蒔田瑞三氏は、大学の先輩である。先輩なのにちゃん付けなどした上に、邪険な口をきくのは、同学年に現役から十浪までの学生がいる、絵の大学だったせいであり、私がぞんざいな人間のせいではない。

闘牛を見て泣いたあと、レストランで牛肉をうまそうに食べるマキちゃんは、その矛盾を問う私に言った。

「バカ、あれは生き物で、これは食い物だ」

ローマに二十年ぐらい住む絵描きのマキちゃんが、スペインへ遊びに来たのであった。

一緒にバルセロナ郊外のモンセラットを見物に行った。そびえ立つ奇岩の山中にある古い修道院で、観光客も多い。その岩峰の姿からガウディが建築上のインスピレーションを得たともいわれている。巨岩を仰ぎ見ながら私は言った。

「マキちゃん、あれらの岩は実は全部セメントなんだよ」

「何ッ！　本当か、おい！」

本当のわけはない。


夜、イタリアワインの〝通〟を自認するマキちゃんは、スペインの赤ワインに脱帽し、酔い、そして、ひとつ自慢話をした。

「マリー・ラフォレって知ってるか」

私は見ていないが、映画「太陽がいっぱい」でアラン・ドロンの相手役をした往年の美人女優である。

「知ってるよ。有名だよな」

「あれはおれのガールフレンドだよ」

今度は私が「何ッ！」と叫ぶ番だった。

マキちゃんは、パリで彼女とデートしたそうだ。太ってガニ股のくせに、真っ白いスーツに白いボルサリーノをかぶって、二人してシャンゼリゼにタクシーで乗りつけたという。私は口をはさんだ。

「何がシャンゼリゼだ。スペイン語で何て言うか知ってるか。カンポ・デ・エリシオだぞ。ダサいだろ。ざまみろ」

マリー・ラフォレと二人で、思い切り気取って車から降りたマキちゃんは、しかし突然に強烈なぎっくり腰に襲われて、シャンゼリゼに倒れ伏した。

「痛くて、ぴくりとも動けねえんだよ」

結局、マリー・ラフォレに助けられて、またタクシーでホテルまで送ってもらったそうだ。

「それだけでもすげえなあ」

と私は言った。

数年前、たまたま医者がマキちゃんの体にガンを見つけた。なのに彼は元気である。またスペインに遊びに来たいと言ったのを思い出して、マドリードからローマに電話をした。

「おーい、いつ来るんだよ、マキちゃん」

「ちょっとこの調子じゃ行けねえなあ」

としゃべる彼の声は弱々しくかすれていて、別人のようでびっくりした。

「何だよ、早く来いよ。つまんねえなあ」

「おれもつまんねえよお」

その後ほどなくして、マキちゃんの訃報をきいた。つまんねえよ、マキちゃん。

歯なんか

前歯の一本がさし歯で、それが先日抜けた。前歯がないというのは、はなはだ情けない眺めである。ほんの一センチ四方にも充たない小さな白片が、してみると、人の顔に普通らしさを与えて、人格を支えているのである。

笑顔を鏡で見ると、路上に敷いたダンボール上でコップ酒片手に御機嫌のわが姿が透けて見えるようでもあるし、せっかく真面目な顔で語りかけても、近所のパン屋などは梅干でもしゃぶったようなヘンな顔をして私を見るし。

私は、口を結んだままバスに乗って、アトリエへ行き、また口を結んで帰宅する。一人でいる時は、歯のことなど忘れている。いやむしろ、歯が抜けてスキ間が出来たせいで、ぎっしり並んだ歯が、心なしか深呼吸をして、楽になったような気がする。外出から帰って、靴を脱ぎ、靴下を脱ぐと、やれやれというくつろいだ気持ちになる。前歯が一本抜けたという実感をよく検証すると、それに似ているのである。

アンダルシアの崖上の美しい町ロンダに住んでいる、友人のペペのことを思い出した。父だったか母だったかがモロッコ人で、そのせいで〝エル・モロ（アラブ人）〟という仇名《あだな》がある。小柄でハゲで出っ歯で、目の大きい中年の独身男で、とても良い奴だ。仕事は、英語で言えばジャーナリストだが、スペイン語でホルナレーロ、つまり日やとい農夫である。どこの森に何のキノコがあるか、を知悉《ちしつ》しており、サン・ペドロの海で釣りをすれば名人である。老母と二人、貧乏ぐらし。ふだん余りにも仕事がないので、昼飯どきになると、

「さあ、働きに行こう」

と景気のいいことを言って、家に帰る。働き、つまり食事をしに帰るのである。何故なら、働くことは食べること。ならば逆も真なり、だ。ペペのみならずアンダルシア人には、こういうユーモアと批判精神がある。

ロンダ一安い、「バル（酒場）・バレンシア」へ夜行くと、他の友人達と共にペペがいる。そこで彼は、いつも私の耳元二センチのところで、ファンダンゴ（フラメンコの唄のひとつ）をわめく。唾で耳がぬれる。

ペペと久々に会ったある夜、彼の口の中に歯が一本もなかった。あんまり驚くと悪いので、軽く言った。

「ペペ、ところで歯はどうしたんだい？」

「歯なんか皆抜いちまった！　ペッ、面倒だからよ。ほら、見てみろ、一本もねえ。するするするッ（指で歯茎をすべらせる）。もう痛くもならねえし、せいせいした」

入れ歯は高い。やせ我慢だと思った。

「やせ我慢だと思うだろ？　へん！　ちがうぞ。歯がないとものが噛めないと思うだろ？　おれもそう思っ

てた。全部嘘！　人間は歯で噛んでんじゃねえ、歯茎で噛んでるんだ。ホラ、肉でも何でもこうだ！　こうやって、ホラホラッ、噛めるんだ！」

ペペはつまみ（タパ）の肉片を歯茎で食いちぎり、噛み、飲み込んで見せた。そして、バルの床の真ん中へ出て、闘牛士のように胸を張って、肩越しにアゴをしゃくって客達を見回して見得を切り、ニコリともせずに「ヘンッ！」と言った。

転び司祭ロメーロ

珍しく大酔して、アトリエに泊まった。朝、呼び鈴が鳴った。ぐしゃぐしゃの心身にズボンをはいて出てみると、すぐ階下のおばさんが小さな達磨のようなかおで突っ立っている。

最悪の予感。

おばさんの着ているのは白っぽいバタ、つまりガウンだ。誰に聞いても、中年婦人のバタ姿だけは閉口だという。なのに彼女らがそれを愛すのは便利だからだろう。これで一日中家の中にいる。来客もこれで応接する。近所にはこれで出歩く。これを着た女は、もう恐いものなしだ。人の悪口も、この姿で声高にしゃべる。美も、恥も、微じんも見えない。おばさんは、片頰でニヤリと笑って言った。世界最低の朝である。

「おはよう。あんたゆうべは椅子をガタガタいわせてうるさかったよ」

私は国際人である。反射的に叫んだ。

「ノオ！　あり得ない！」

冷静に考えると、台所でよろけながら水を飲んだりウイスキーを飲み足したりした記憶がかすかにあった。

しかしおばさんに弱みを見せたら、どこまでもとどまる所なくつけ込んで来る。だがこの日彼女のテーマは他にあった。

「パティオ（中庭）に通ってる下水管を工事したいから、ちょっとおたくのパティオの窓を貸して欲しいんだけど」

アンダルシア地方のパティオは、植栽があったり泉があったりして、ロマンチックなものである。が、マドリードのそれはふつう単に大きな通風孔にすぎない。三ツあるパティオの一番小さな、さしわたし二メートル程のそれの壁に、トイレと風呂場の窓がある。そこに足場板を渡せば、地上から四階まで足場を組まないでも工事が出来るのだという。二日酔いの私は深くも考えず、「シ（いいですよ）」と答えた。すると、私はまだ寝ていたいのに、ドカドカと二人の工事人が道具をかついで入って来た。他人の家へ入るのに、彼らは何の遠慮も愛想もない。勝手に扉を開け、浴槽に土足で上がり、窓枠に板を投げつける。スペインで一旦「シ」と言ったらこれである。

私は茫然と眺めていたけれど、ふと気づいて、「一体どこを工事するんです？」と聞いてみた。中年の工事人は、「上階のトイレの管をこっちの新しい下水管につなぐんだよ」と、指さした。すでに足場板は三枚、手早く縄でくくられて、窓から窓へ渡されている。

しかし、さすがに二日酔いの頭にも、事態のおかしさが分かった。上の階のトイレを直すのに、何故下の階のおばさんが来るんだ？

「ちょっと待ってくれ。上の階っていえば、隣のロメーロの家の持ち物だろう？」

「そうだって聞いてるよ」

「じゃダメだ！　やめてくれ！　足場を取れ！　おれはロメーロの為には何もしたくない！」

私は大声で叫んだ。

アトリエは四階にあり、その隣家は、ロメーロという元神父の一家である。男ばかり五、六人の子が皆成人している。

こういう人のことを、エクスクーラ（転び司祭）と言って、人々は「おっふ！」と息を吐いて、顔を手のひらであおぐ仕草をする。たまらん、というわけだ。私はそんな他人の過去は知ったこっちゃないのだが、何しろこの老人は悪知恵に長《た》けている上に、私を東洋人と見て軽視し、諸々の悪さをするので、私も人々の尻馬にのって「転び司祭」と呼ぶ次第である。

そもそも何で彼のそんな過去が私に知れたのか。私の大家、マリア・ベン・アブッダラーが私に言ったからだ。

「知っときな。ロメーロは転び司祭なんだよ。大昔村であの女房を妊《はら》ませてさ。ローマまで行って還俗を願い出たんだよ。以前、あんたの家のすぐ上には、いま屋根裏に住んでる老人達がいたのさ。ロメーロは彼らに金を貸した。返せなくなるとまた貸した。最後にそのカタに部屋を取り上げて、屋根裏に追っぱらったんだ。ロメーロはあんたを追い出して、あたしの部屋を買いたいのさ。そうすりゃ四階が全部奴の家になる。でもわたしは売らない。あいつにだけは絶対に売らない！　だから奴は、あたしをおどしたり、泣き落とししようとしたりしたのさ。奴は泣くふりをしながら、自分が転び司祭だって、打ちあけたよ。ケッケッケッ」

ロメーロの持ち物である上階の間借り人（来西したばかりのアラブ人、南米人など。家賃が高いのでしょっ中入れ替わる）が、ある時洪水を起こした。水は私のアトリエの風呂場に落ち、数年後に天井の一部が二十キロの塊になって落ちて来た。その後始末を、ロメーロは言を左右にして数年間しなかった。私は自治会長に手紙で苦情を書いたので、ロメーロの非は皆の知るところとなった。それ以後、屋根裏部屋の老人達は急に私に親しくあいさつをするようになった。道で会うと、抱擁して頬にキスするほどである。

洪水は一度ではなかったので、その都度文句を言いに行くと、ハゲの白豚のようなロメーロは、

「あんたはくどい！」

と怒鳴《どな》った。かと思うとある時は一転して彼の家へ招じ入れ、風呂場へ案内して、

「ほら見て下さい。あたしの風呂場もこんなにヒビ割れで汚いんですよ」

と言った。

「関係ないでしょう」

と言うと、黙った。が、それきりだった。

あんまり腹が立ったので、ある時階段で出会った彼の肩を、つい突き飛ばした。すると数日後、工事人がやって来て、私の風呂場の天井を修理した。

国際的紛争を解決するのに武力を用いたことは、日本国民として、憲法第九条違反のそしりはまぬがれまい。

「坊主は地獄も極楽も嘘だと知ってるから、やることがあくどい。これぁキリスト教でもおんなじだ」

と、詩人金子光晴が語っている（『下駄ばき対談』現代書館）。何も詩人に語らせるまでもないが、いまスペインのあくどい転び司祭の件で、私はもめているのである。

せっかく二日酔いでボーッとしている私の朝に、工事人が入って来て、転び司祭ロメーロの持ち物のアパートのための工事を、私のアトリエの窓を足場にして行うという。私は途中でそれに気づき、断固として

ノォ！　を叫んだのである。何しろ、二日酔いというよりほとんど前夜のままの酔いであるから、元気が良い。

「ノォ！　ノォ！　断る！　転び司祭のロメーロのためになることは一切断る！」

せっかく渡した足場をひっぱってはずそうとした。狭いパティオは、よく声がひびく。上下のトイレの水音や、しゃべり声、秘密の会話、何でも聞こえる。伝声管である。だからこそ、私はわめく。

「エクスクーラのロメーロが何をしたか！　おれの家の天井を三ヶ所も崩したまま、放置してるんだぞ！」

　実際、ロメーロの責任になる天井の崩落部分は、台所、トイレ、風呂場の三ヶ所にあった。が、私はもう、それらを気に留めないことにしていた。いずれも、天井の梁《はり》と石積みがむき出しになって、時々パラパラと粉末が落ちて来る。危ないのだが、小康状態でもある。ここはアトリエだ、天井なんてどうでもいい、ロメーロと関わって、神経と時間をすりへらすのは愚かだ、と思ったのである。これは日本的泣き寝入りであろうか。スペイン的人生の知恵であろうか。はたまた魯迅の『阿Q正伝』的無力であろうか？　私は、天使的放下、と名づけたいのだが。


　私が残酔の大けんまくで拒否したので、さあ、二人の工事人は困った。

「おれたちゃ管理人に頼まれて来ただけだ。あんたに断れたら困るよ。今日の仕事なんだ。賃金は誰が払うんだ！」

「知ったことかい！　労働者をいじめる気はねえが、おれはいやだ！　出てってくれ！」

「じゃ管理人に電話してそう言ってくれ！」

「うるせえ！　あんたがしろ。早く出てけ！」

ペペ（「歯なんか」）

「つまんねえよ！」

「日本の三笑い」

二日酔の朝

（「転び司祭ロメーロ」）

「転び司祭ロメーロ」

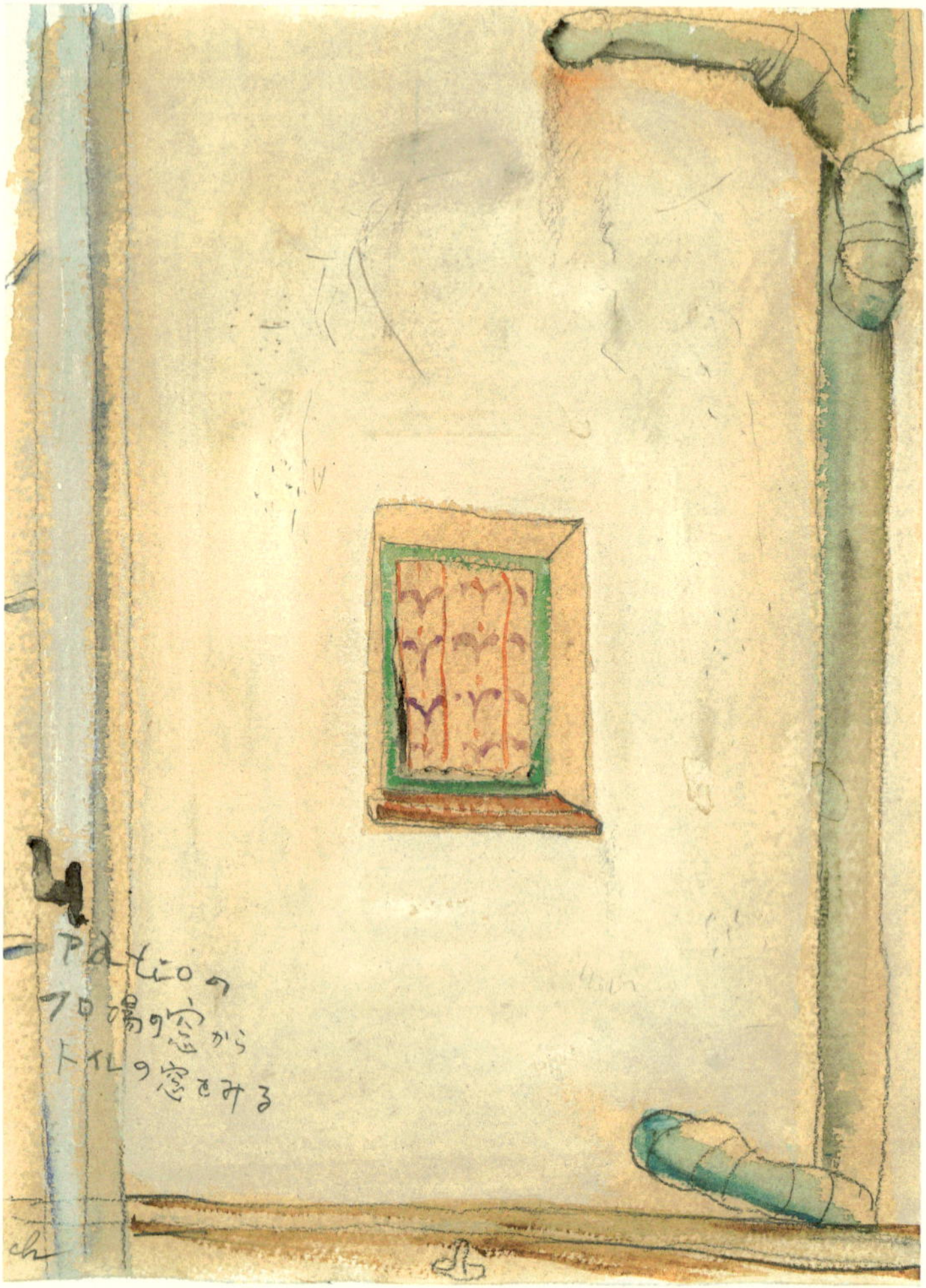
Patioの
フロ場の窓から
トイレの窓をみる

「転び司祭ロメーロ」

「転び司祭ロメーロ」

「転び司祭ロメーロ」

渋々彼は管理人に電話しに行った。戻っていわく、

「明日天井三ヶ所は直すってよ。だから工事させてくれ」

「おい。あんたらスペイン人はいつもそうやっておれをだますんだ。マニャーナっていつのことだ？　明日明日って、いつも嘘じゃねえか！　スペイン人は皆嘘つきだ！」

「スペイン人皆嘘つき？」

と言って、工事人はこちらに向き直った。怒ったようだった。私も怒っていた。だから、絶対負けまいと思って、もう一度怒鳴った。

「そうさ！　おれは日本人だ。何度でも言うぞ。スペイン人は皆嘘つきだ！」

スペイン人皆嘘つき！　と私に怒鳴られた工事人は、怒りの目差しで私をにらんだ。私は前夜の酒の勢いも手伝って、絶対に引かぬつもりだった。あくどい転び司祭ロメーロの便宜のために、自分の窓を提供するのはごめんだった。相棒の年老いた工事人が、私のけんまくに押されて、せっかく渡した足場板をのろのろとはずそうとしていた。それを見て、怒った方の工事人が、ちょっと冷静になって言った。家族の顔を思い出したのだろう。

「待ってくれ。あんた、お願いだから管理人のペドロに電話して確認してくれ。あんたの天井は本当におれが明日直すことにするから」

私は管理人のペドロなら知っている。以前私の滞納した自治会費を、皮肉たっぷりに請求した若い男である。「滞納なんて――」と、彼は二、三年前、私に言った。「二十世紀の市民として恥ずかしいぞ」

ちなみに、遅刻と並んで滞納はスペインの〝国技〟である。

「払う者はよく眠る」という諺《ことわざ》があるほどだ。日本でよく眠るのは、悪い奴ばかりである。

私はペドロに電話した。

「よう、ペドロ。久しぶりだな。あのかわいそうな労働者の悩みを聞いたか?」

「よう、チアキ。聞いたよ。心配するな。来週中に君の天井は直すから、下水管の工事はさせてやってくれ」

「来週? ノォ! 転び司祭のロメーロは、何年間おれの天井の穴を放置したか知ってるか? あの恥知らずが。明日だ! 明日でなきゃダメだ! おれの要求は間違っているかね? 二十一世紀の市民として」

「う……間違ってないよ」

「じゃ、明日だ! 必ずだぞ! ペドロ」

「……わかった」

私は天井修理とひきかえに窓の提供をしてやろうと思った。が、ふと忘れていた疑惑がまた頭をもたげたのである。で、工事人にきいた。

「あッ! おい、工事は上階のロメーロの部屋なのに、何で下のばばあが来たんだ?」

工事人はうんざりしたように答えた。

「さあね」

「ははあ、わかった! ロメーロ奴《め》、おれと口をききたくねえもんで、下のばばあに金をやってしゃべらせたんだ! そうだろ?」

「知らねえよ!」

「絶対そうだ! ロメーロの野郎!」

昨夜の酒が残っている私の大声は、狭いパティオを伝って階下にも聞こえたに相違ない。そうでなくてさえ、スペイン人は皆地獄耳である。ほどなく呼び鈴が鳴り、出てみるとやっぱり階下のおばさんであった。私は笑い出しそうになったがこらえた。先ほどからの私の怒声を耳にした彼女は、今度は妙に低姿勢である。相手の出方に応じて態度を変えるのは国際社会の常識である。おばさんは言った。

「下水管の工事はね、実はあたしんちのためなんだよ。うちに古い下水管が通ってるから、部屋の改装が出来ないんだ。ロメーロのトイレを新しい管につなげば、古い管はもう取り除けるんだよ。わかるかい？　だから、お願い！　お願いですから、工事をさせて！」

私のパティオの窓を利用してする下水管工事は、上階の悪らつな転び司祭ロメーロのためというより、下の階のおばさんの部屋の美化のためなのだった。おばさんは聖女のように手を合わせて私に言った。

「だからお願い！　工事をさせて」

「ちゃんと部屋を見ないと信じないね」

おばさんは私を連れて階下の家へ案内した。

「……ほら、この部屋よ。見てこの汚い下水管！」

いや、下水管じゃない。彼女は〝糞《くそ》の管〟と言ったのである。しかし私は、彼女の品性のために、それを直接話法で記すのに躊躇《ちゅうちょ》したいのである。長年のよしみで。

「よろしい。ではパティオの窓を貸そう」

と、拝まれた私は厳かに言った。そして、階段の踊り場でふり返って叫んだ。

「これはあんたのためだよ！　転び司祭ロメーロのためなんかじゃないぞ！」

ロメーロ老夫妻がドアのむこうにへばりついてそれを聞いているのは、万有引力のように明白だった。

「そんなに叫ばなくてもいいじゃないか」

とおばさんが言った。

「そうね。でも日本じゃ私は一度も叫んだことはない。スペインでだけです」

下水管工事はすぐ終わった。さて明日、私に嘘つきよばわりされた工事人は、約束通り来るであろうか？来た。朝十時。長年私を苦しめた天井の修理が、二日酔いを利用してゴネたために遂に成就する。ああ、ゴネ得。まことにスペイン生活は闘いである。日本なら何のこともない雑事がこれである。スペインを旅行された方なら、バルでコーヒーがぬるかったり、ホテルの予約が消えていたりした経験がおありだろう。その度に、ああ、闘い！

そんな時、ボーイや係員がアミーゴ（友）であったなら、問題はクシャミよりも早く解決するのである。といって、全人民とアミーゴになるわけにもゆかぬ。

二人の工事人は、黙々と、速やかに工事をした。

「あんた達、仕事が早いね」

と私はお世辞を言った。きのう二日酔いの私に意地悪された二人はあまりのって来ない。彼らが昼食に出る時、私は二人に千円ほどのコーヒー代をあげた。午後、彼らは上機嫌で私のことをヘフェ（大将）と呼んだ。

私は上機嫌なスペイン人の真似をして、他人の悪口を語った。つまり転び司祭ロメーロの悪業の数々を。彼らはそんな悪口に慣れているらしく、面倒臭そうに相づちを打ちながら仕事を続けた。

私が、「あんた達の連絡先を教えといてくれないか」と言うと、彼らは後難を怖れて一瞬ひるんだ。

「何で？」

「いずれおれの別荘を建てる時に呼びたいから」

二人はゲラゲラ笑った。

彼らが帰ったあと、きれいになった天井をつくづく眺めた。これを私は長い間望んでいたのであった。しかし、何だか部屋全体から古色が失われて、面白くなくなった。

日本の三笑い

今年の日本は桜が早かったときく。

スペインは、二月の終わりごろになると、桜に似たアーモンドの花が咲く。枯れ果てたような荒野に、ポツンと白く煙るようなアーモンドの花咲く木を見つけるのは、長い冬の終わりのよろこびである。

三月に入ると、もうあちこちに花の盛りを見つけるのが珍しくなくなる。しかし、その花の下で、ゴザを敷いて宴会をやるという光景は、お祭り好きのスペインでも見ることはない。

日本のお花見とは、そもそも一体何だ？　各会社総出で陣取り合戦まで演じて、カラオケ、鯨飲、泥酔。いや、私は否定的に言っているのではない。日本独特、不思議な風習に、つくづく感心するのである。

桜の満開に、死や狂気の匂いをかぎ取る詩人のことがよく言われる。私も、折良くその頃に日本に居ると、音のない大爆発に打ちのめされるような気がする。ふだん気にも留めない木が、ある日突然生命の爆発を起こすのである。桜ははかなく散るから死のイメージを喚起するのではない。散るより先に、圧倒的な美の出現が、強烈に生を、つまり死を、我々の胸中に突きつけるのである。だから、花見は単なる春の浮かれ騒ぎではなく、雲のようにたなびく死を頭上に置いて、現在の一瞬の生を衆もろともに祝福し合うというこころなのではないか。

死を前に置いて厳粛に現在の生を味わうというのは、日本の文化の不思議で（茶道でも武道でもそういうことを言う）、たとえば、高齢で円満に死んだ人のお通夜で、人は酒を飲み、故人の思い出話などをして笑うではないか。こんなことはスペイン人には到底理解し難く、激怒した人もあるという。日本人は何故か、死を前に見てくつろぐのである。そのひとつのあらわれが花見であり、お通夜である。共通項は、笑いだ。

それにもう一つ、私たちが地球から恵まれたものを加え、「日本の三笑い」と私は言いたい。

それは温泉である。

日本に温泉好きは多いが、それは清潔好きとは関係ない。ただひたすらに裸になって、あたたかい液体に浸りたいのである。胎内の羊水に浮いていた昔に還《かえ》りたいという、遠い記憶のなせるわざかもしれないが、地の底からゴーッという音と共に噴き出す水蒸気の硫黄臭をかぎながら、熱い湯に浸って青空を仰いでいると、大いなる笑いがこみあげて来て、ハハハハ、何が文明、何が学問芸術、何が人類。ああこの大天然の中で、早く死に絶えてしまいたい、という鉱物の思いが去来せずにはいられないのである。

日本の三笑い、とはつまり、死によって暗示されるところの、大いなる天然のことである。

数年前、私の父は八十歳で亡くなった。天寿だと思われた。葬儀の日、私の叔父達は、私の後ろで何事か笑っていた。雨後の夕焼けが余りに美しかったので、私も笑った。

応用美術学校

二十六年前、スペインにやって来た私はまず国立応用美術学校という所に入ってリトグラフ（石版画）を学んだ。そこは一種の職業訓練校で、授業は午後六時から九時までの放任主義だったから、働きながら学ぶ若者や、外国から来た画家の卵などが集まっていた。

そこで知りあったのがエンリケである。私はもっぱら白黒の石版画を作っていたのだが、彼は会社の帰りに大急ぎでやって来て、複雑な色刷りを試みては失敗していた。神経の繊細な男で、誰かがむこうで重い石版を扱いかねてバタン！　と音をたてたりするとピョンと飛び上がるのだった。

彼の机の横にへばりついて彼のやる事に口をはさんだり、級友たちとおしゃべりだけをしに来るのが恋人のマリベルで、同じ会社の後輩だった。後年二人は結婚して、今小さな女の子が一人いる。

先日、日曜の夕方に二人が私を家に招《よ》んでくれた。出不精の私がウンと言ったので、人の好いエンリケは昔の級友にも声をかけた。タニアという金髪のブラジル娘、今は中年婦人だが、とその夫ホセがやって来た。

十年ぶり位だ。エンリケもタニアも、いまだに趣味以上の情熱で絵を描いている。エンリケはプラスチック関係の会社、ホセは情報関係の会社の、それぞれもう幹部らしい。その宵は小さなクラス会のようになった。

エンリケ「みんなこのごろ体調はどうだ？　おれは右肩が痛くて仕方ない」

マリベル「コンピューターって疲れるのよ」

私「あれはペダルを踏むんじゃないのか」

ホセ「コンピューターのせいじゃないね。毎日上司にハイッて言って敬礼のしすぎだよ」

エ「おまけに会社の定期検査じゃ、やれコレステロールだ、血圧だっていろいろ言われているよ」

私「だから君はこのつまみ（卓上に出ているチョリソやチーズやオリーブの実）を食べないのか。おれだけ食べてる」

ホ「おれも止められている。塩分はいけないんだ」

タニア「いやァね！　皆爺《じい》さんみたいでさ」

私「おれは元気だぜ。検査なんてしたことない。そんなもんするから病気になるのさ」

エ「クリスマスには随分飲み食いしちまったからなあ」

タ「クリスマスは嫌いよ。外人ばかり町に出てさ」

ホ「おまえは外人じゃないってのか」

タ「あたしはもう外人じゃないわ、ねえチアキだってそうよ」

私「さあね」

エ「ところでリトグラフのボスケ先生はどうしてるかな。毎日サッカー新聞読みに学校へ来てたぜ」

タ「彼は何も知らないのよ、版画のことなんて。でも良い人だったわ。おかげで楽しかったし」

私「二、三年前に町で出会ったぞ。クリスマスの頃だ。内戦の時一緒に共和国軍で戦った戦友だっていう老人を紹介されたぞ」

内戦時にどちらの側で戦ったかは余り語りたがらない世代なのに、先生は町角で笑いながらそれを自慢したのであった。

まぶたの恋人

マドリードのある日本料理店で、板前さんの話すのを私はカウンター越しに聞いている。

「あたしももう年ですからね、そろそろ引退でもしようかと思ってね。こないだ日本へ行って来ましたよ。あたしは、もう何十年も前だけど、もとはどこそこの大きな旅館の板長をやってたんですよ。でもそこを飛び出して来ちゃったからね。お女将《かみ》さんには世話になったんで、まあもう亡くなってるんですが、お墓参りに行って来ましたよ」

「へえ。何でまた飛び出して来ちゃったんです?」

「そこのお嬢さんとあたしは、まあ秘かな恋仲でね。でもむかしの事だから先方は先方で親の決めた相手ってのがあったんですよ。しようがない、二人で駆け落ちしようってんで約束してね。朝早くにバスの停留所でね。ところが、いくら待っても彼女は来なかったですよ。やっぱり親兄弟を捨てられなかったんでしょうね。今でも忘れませんよ。こう、霧雨みたいな寒い朝でねえ。もう仕方ない、おれは一人で行こうって、そのまま出て来ちゃったんだね」

「うーん。歌謡曲にあったなあ、庖丁一本さらしに巻いてって。月の法善寺横町だっけ」

「ハハハ。ま、それからアメリカへ渡って板前やって、スペインへ来ちまったんだから、それっきり。お女将さんには悪いことしましたよ、何しろ板長が突然いなくなっちゃうんだから大変ですよ。三十五年ぶりにお墓参りして来ましたよ」

「お嬢さんの方はどうしたんだろ？」

「お女将さんのお墓へ案内してくれたのがそのお兄さんでね。妹さんは？　ってきくと、子供が二人、もう大人になって、でも御主人は三年前に亡くなったっていうんだね。だから、今はまたあたしと同じ、独り身になったわけだね。お兄さんはぜひ妹に会ってやってくれっていうんですよ。あたしも会いたかったたからね」

「会いましたか」

「三十五年ぶりですよ」

「ふーむ。しわくちゃになってましたか」

「昔のまんまだったね。何ひとつ変わってなかった。笑顔もしぐさも、昔のまんまだったですね。こうやって笑うところとかね」

「しわぐらいあるでしょう」

「まったくない。ま、そう見えるんだね。そば屋で、あたしはまた口説きましたよ。一緒にスペインで暮らそうって。でも彼女は、いえ、もうそんな新しいことを始めるには年をとりすぎましたって。もうちょっと押せばよかったんだけど、何しろそば屋が早く店を閉めるってせかすからね」

「大体そば屋ってのは早く閉めすぎるよ」

「あたしは彼女に言いましたよ。そうですか、それは残念です。明日あたしは一人でスペインへ帰ります。でもね、あたしは寂しくはありませんよ。目をこうして閉じれば、いつだってあなたの笑顔が目の中に浮かぶんです。それは二十五年間ずっとやってきたことだから、あたしは寂しくありませんってね」

強盗から学んだものは？

広場を横切ろうとすると、ふと、前を歩いている二人の若いアラブ人が強盗だと判《わか》った。昔の絵の聖者の頭上には金の輪が浮いているものだが、実際の泥棒の頭上には黒い輪が浮いている。小さな頭、汚れた首筋、なで肩、妙にスポーティーな服。

私は他の道を行こうと思った。しかし他の道も同様にぶっそうなのである。

マドリードの下町。午後十時。

結局、彼らを前方三十㍍程に見ながら、後から行くことにした。一応はヨーロッパの首都の路上で、一人の市民が、こうして荒野で狼を避けるようにせねばならぬのである。いやはや、スペインである。

暗い前方をすかして見ると、どうやら二人は友達と出会ったらしく、肩を抱き合ってぴょんぴょんはね回っている。強盗は三人になった。私はひき返そうかと思って、車のかげに身を隠してしばらく待ってみた。こんなことも別に珍しくない。むこうでは一人が「ケッ、ケッ、ケッ」と笑っている。やっぱり戻ろうと思ってもう一度見ると、友達と見えたのは実は被害者の男性で、笑い声と思われたのは、背後から抱きすくめられるようにして腕で首をしめられた被害者の苦しげな叫び声なのだった。丁度カモシカの首筋にかみつくライオンの姿がそこにあった。あっと思う間もなく、被害者の両脚がケイレンしてピンと突っ張った。失神したらしい。賊は彼を道に倒し、ポケットから何かを取り出すや否や横の道に走り去った。それから数秒後に被害者はむくりと立ち上がった。人通りがないと見えたのに、私も含めて十人ほどが集まって来た。皆口々に「大丈夫か」と問うが、若い被害者は呆然として立っているばかりである。

その手に日本の「地球の歩き方」が握られているのを見つけて、私は胃が痛くなった。

「日本人ですか?」

と声をかけたが、大学生らしい若者は「ええ」と答えたあと、「ああ」と絶望的なため息をついたきり。何の慰めも効き目はない。怖ろしいことは起こってしまい。過ぎ去り、そしてまた起こるかもしれないのだ。誰かが「警察に電話したぞ」と言った。それをしおに皆散っていき、若者もよろよろと歩み去った……。

若者は何かを学んだろうか? 暴力が一瞬にして、学業の努力も文化も文明も、ゼロにしてしまうことを学んだろうか? ペンは剣よりも弱し、を学んだろうか? 世界のあちこちで行われている暴力の報復の繰り返しの余波が、こうして現れていることを学んだろうか?

否。そんなことではあるまい。

かつて同じく襲われたことのある私が学んだことといえば、アルジェリア人の強盗の見分け方と、憎しみだけである。暴力は、人間の視野を極端に狭くする。

雪舟と馬鹿野郎

雪舟展を見るために、日本へ行った。

京都国立博物館である。雪舟の本物が目の前に、あれもこれも、あるのだ。私は興奮した。

ところで、これほどの雪舟を集める苦労は、私などにも想像出来る。しかし、押しかけた群衆と、それへの対応の拙劣さを目のあたりにして、私は仰天したのである。

運悪く私は土曜日に行った。切符売り場の所で職員が、入場は二時間待ちだとマイクで告げている。八倍するとスペインから日本までの飛行時間になる。

一旦あきらめてまた午後に行くと、今度は一時間待ちだったので入館した。すると、雨の中、庭園の片隅に、ぎっしり押し寿司のようになった人類が、列になって並ばされているのが見えた。「しまった!」と私は舌打ちをした。私は、並ぶのが大嫌いである。だから、うまいラーメンも安い寿司も食べたことがない。しかしこの度は雪舟を人質にとられている。私は歯ぎしりをしながら、長い列の尻についた。

やがて、衆を整列させて満足そうな職員が見回りに来たので、私は「何故整理券を出しませんか」と質問

「応用美術学校」

「強盗から学んだものは？」

「まぶたの恋人」

「雪舟と馬鹿野郎」

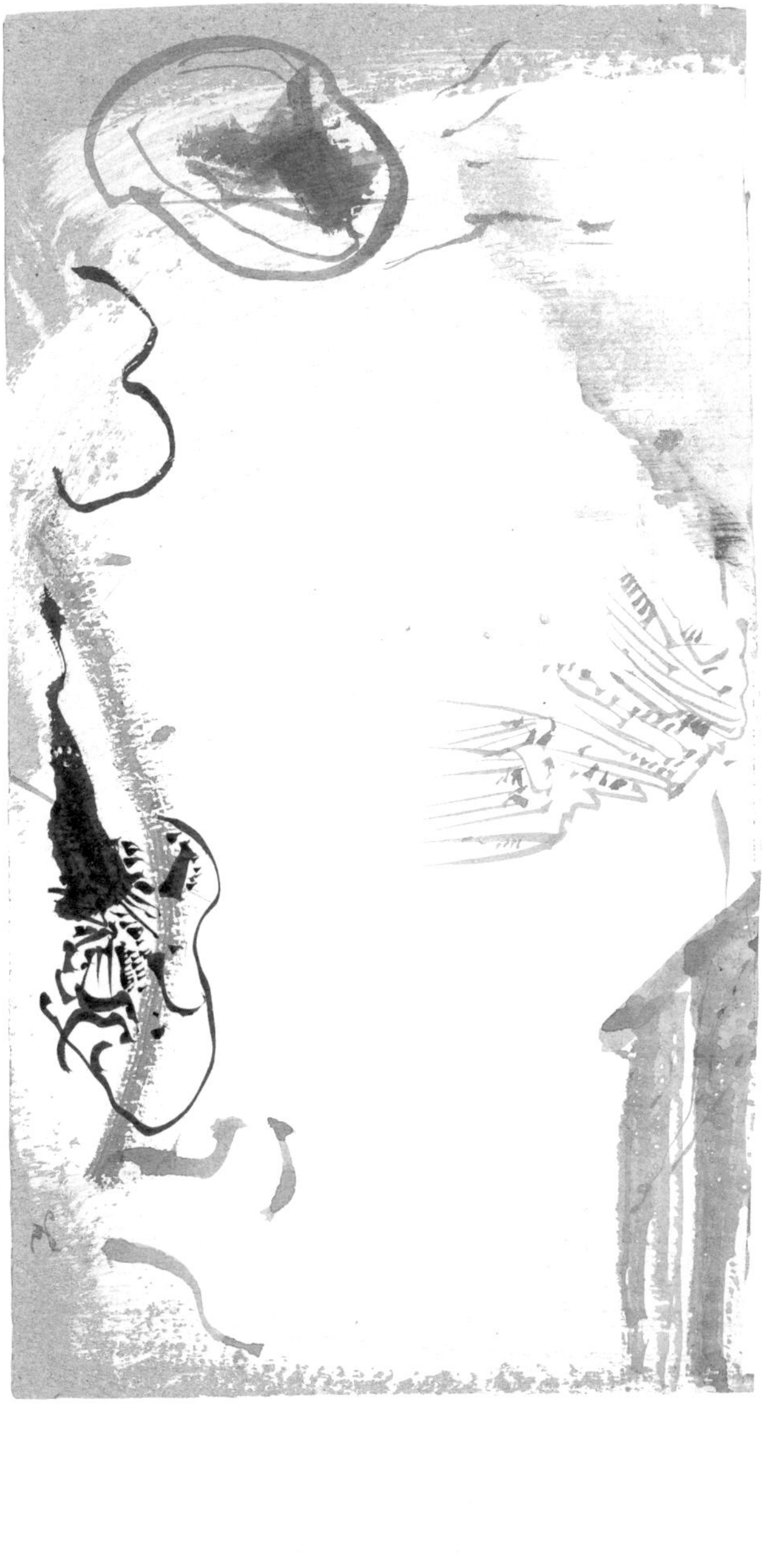

「雪舟と馬鹿野郎」

「雪舟と馬鹿野郎」

「優しくない日本」

「赤いキモノ」

した。彼は役人らしく得意気に「整理券を求めてさらに混雑しますから」と答えた。そんなことはあるまい。郵便局や銀行のように、客は入館の時に通し番号をもらえばよい。電光掲示板で番号を示せばよいだけのことだ。入場までの間、客は家畜や奴隷のように並ぶことなく、広い庭園を散策したり、トイレへ行ったり腰かけたり茶を飲んだり、出来る。老人の客も多かったのでなおさらだ。役人の頭の中には「管理」の二字が佃煮《つくだに》になっているらしい。

雨にぬれてやっと中へ入ると、今度は場内整理係の全く無意味な絶叫に出くわす。

「館内大変混み合っています。急がずとも結構です。ゆっくりとお進み下さい。館内大変混み合っています。押し合わずゆっくりお進み下さい。この正面にあります秋冬山水図、国宝の切手にもなっておりますのでお見逃しにならぬよう御覧下さい。なお右側はオーディオガイドで御案内しておりますので混み合っております。左側が比較的すいておりますので、左側の方から御覧下さい。正面は国宝の切手にもなりました秋冬山水図です。お見逃しにならぬようゆっくりと押し合わず……」

余計なお世話だ。一体誰が押し合っているというのか。日本語に「馬鹿野郎」という言葉がある。この男こそそれであろう。それを命じている彼の上司は、さらなるそれである。卑俗な言葉で申し訳ないが、わが友、ノーベル文学賞の故カミロ・ホセ・セラ氏はよく用いていた。そう言わざるを得ない時は、痛みを持ってそう言わざるを得ないのである。スペイン語でヒリポージャという。

静かなる雪舟の前で何故叫ぶのか、叫ばせるのか。馬鹿野郎だからである。他に科学的理由があるならうかがいたい。国民は、役人の叫び声を浴びつつ国宝を拝すのである。日本文化。

世に愚かなことは多くて、賢いわが身を棚に上げて怒っても限りがない。しかし、ことはわが愛する雪舟である。黙っているわけにはいかない。

作品の面前で十秒おきに繰り返される整理員のまったく無意味な絶叫（館内混み合っております、押し合わずゆっくり云々）のいうとおり左の方へ進んだ。翌日もう一度入って判《わか》ったことだが、右の方には私の大好きな如拙の「瓢鮎図」（国宝）があったのである。見逃していた。絶叫員の馬鹿野郎（暴言失礼。だが他に言いようがない）。

しかし、そもそも何時間も雨の中を、家畜のようにぎっしり並ばされた衆は、なぜ文句もいわずにかくも従順なのか？　私はまずそっちの方に腹を立てていた。不思議でもあった。自由にトイレへも行けず、腰もおろせず、沢山の老人までが濡《ぬ》れて耐えているのである。

庶民だからか。仕方ないからか。館側が番号札さえ配ればもっと人間らしく待てるのに。

私は庶民が嫌いだ。平気で並ぶからだ。愚かな制度にも従順だからだ。安っぽい宣伝文句（「画聖雪舟《カリスマ》」「あと五十年待てますか?」等々）につられて、さして興味もないのに見にくるからだ。並びながら「こういう混雑の中を入場することに意義があるんや」と言っていた若者さえいた。

入り口の「秋冬山水図」の近くでは庶民が渦巻いていた。しかし幾部屋も見てくると段々彼らは飽きて疲れてくる。「山水長巻」（国宝）のあたりではかなり空いてきたので、私はガラスケースにへばりついて、ゆっくり眺めることが出来た。しかしそこにも絶叫整理員が巡回して来る。「ゆっくりで結構です、少しずつ前にお進み下さーい！」

するとたんに庶民は元気づくのである。私の右側（つまり列の後）の中年男が、体で私を押し始め、「前へ進んで下さい」と言う。

私の左は誰もいない。男は私を迂回して行けばいいのに、あくまでも列ごと進みたいらしい。私は一歩下がって彼を通してやり、絶望して言った。「どうぞ行って下さい。私は雪舟を見に来たんだ。列に並びに来たんじゃない」

しばらくすると今度は小学生の女の子が私の右側に密着して、泣き声を出している。

「かあちゃん押さないでよ、だってここから先、進めへんのや」

私はため息をついて彼女と母親を通してやった。母親は私をにらんだ。あくまでも列を守りたい日本の庶民が悲しかった。が、私はそれどころではない。おそらく二度とみられまい「山水長巻」が目の前に息づいているのだ……。

「長巻」を見終えてふり返ると、奥は空いているのに、人々はギッシリ整列して待っていた。私はものすごく悲しくなり、つい我知らず叫んでしまった。

「しっかり並んでろ、庶民！　馬鹿野郎！」

ちっともインテリの国際人らしくありませんな。当の庶民達は、役人の「館内混み合っております」の絶叫だけをうっとり聞いているらしく、何の反応もない。私はボロボロだった。

閑話休題。生まれてはじめて、私はこんなに沢山の雪舟の本物を見た。スペインから来てよかった。

若き雪舟は、四十八歳になってから中国に渡り、内なる怒りのようなものを爆発させたのだった。雪舟の絵は、らせんのような力で、こちらに迫ってくるのである。

もともと三次元の立体空間に住む人類が、二次元の平面空間に表現するのが絵である。何しろ次元を変換するのであるから、当然ものすごいエネルギーを必要とする。つまり、立体を押しつけて平面に圧縮するわけだ。空間が、画家の力によって歪《ゆが》むのである。

画家の力、といったって、それは画家という人間を通じて現れる宇宙の力である。万物はぐるぐる回っている。太陽も星雲も卓上のしょう油さしも、ぐるぐる回っている。それが宇宙のどこかへ向かって、ものすごいスピードで移動している。それをよそから眺めれば、らせんである。

雪舟の絵にらせんを感じる。それは人間的にいえば、静かな怒りのような圧力である。迫力といってもよい。こちらを圧倒してくる力、というものを、ふつう人はまっすぐな直線として感じるが、宇宙から見ると、それは実は円環の一部であり、らせんなのである。

シャッターを押せば誰にでも写せる「写真」に慣れて、人は三次元が二次元に「そのまま」表せると思いがちだが、写真は「ものの影」であるにすぎない。画家は「ものの実体」を表そうと念じて、つまりこの三次元空間を力まかせに圧縮して、二次元に押し込めようとするのである。その時に押し出された一次元分のジュースが、放射能のようになって画面から飛び出してくる。これがつまり画家の見た、あるいは信じた「実体」であって、これが絵の感動の元なのだ。

何しろ力がいる。その力はらせんであるから、歪むのである。歪んで当然なのだ。歪むのが自然なのだ。なのに写真慣れした日本人は、歪まないのが上手い絵だと思っている。おまけに表面が高価な岩絵具などで美しく整っているのが端正でよろしいと信じている。何のことはない、きれいに磨かれた墓石がお好みなのだ。水でもかけてろ。

雪舟は、宇宙のらせんの力を借りて、わがものとして、ついに楽々と絵を描いている。だが絵の中にらせんは見えない。ただ、絵の中の大小様々のリズムに耳を傾けていると（整理員の絶叫がそれを妨げるが）、そくそくと力強く、自在な高所に登って行く、水平線のように大きならせんが感じ取れるのである。

合気道の達人が、相手にふれずに投げとばすように、雪舟の絵は、見る者を投げとばす。どんなに私はうれしかったろう。力を得たろう。

雪舟は、ついでに日本の群衆や博物館の役人達をも、らせんに巻き込んで投げとばした。せめて夕方にでも、静かに雪舟と向き合える、グリーン車なみの静寂タイム（五千円位）を設けて欲しかった。ディズニーランドだってもっと高いぞ。五十年に一度の雪舟展ではないか。

優しくない日本

日本という国も、結構へんな国ではある。

雪舟展で感じたことは先に書いたが、役人の管理好きは、庶民が管理されたがっていることと対になっている。

安くてまずいレストランなんかでも、入り口のところに「係員が御案内します」と書いてある。店側の都合の良いように客を着席させるためだ。むかしはこんなことはしなかった。このごろ日本人は従順なので、店側は横柄である。私は席が気に入らないと出てくる。

日本ではよくホテルに泊まることになる。料金が高い。狭い。それにチェックアウトが大体十時で、早すぎる。日本以外のどんな外国でもそれは正午である。世界的常識だ。日本の客は二時間ほどホテルに盗まれているのだ（私はよくホテルS…を用いるが、そこでは五百円払って会員になると昼の一時までいられるからだ）。普通の人なら朝十時には外出するだろう、と勝手に決めているのだ。日本式「普通」思想である。しかし普通の人は普通の日には自宅で寝て、ホテルなどには泊まらないものだ。ホテルは、普通の人が異常な場合に泊まるものである（正午まで、にしてごらん。客が増えるから。掃除の時間を遅らせればいいだけじゃないか）。

ＪＲの秋田新幹線のトイレはすごく狭い。便座も小さくて、給食のお盆のように浅い。座ると、どうしても男性のものが盆の上にぺたりと横たわることになる。小学生でもそうなる。女性が設計したのだろう。盆の中程の四ヵ所に小さな突起があって、そこから水が内側に向けて噴射されて〝おシャレに〟排泄物は流れるのだが、突起より外側についた汚物はどうなるのか。

ＪＲといえば、三年前のことを思い出す。

私の親友のフラメンコ歌手二人と日本へ行き、一人が突然ぜんそくの発作に見舞われた。応急治療をしてＪＲ浜松駅から新幹線に乗ることにした。大事をとって車イスを借りた。白手袋をした中年の駅員が足早に案内してくれる。私は自分の荷を持って汗だくで友人の車イスを押す。もう一人の友人が二人分の重荷を持ってついてくる。駅舎を出て高架線の下を延々と行く。小さな段差で車イスが止まると、私が一人で持ち上げる。駅員は白手袋が汚れるのを嫌って一切手伝ってくれない。折からの雨が吹き込む。病人はぬれている。エレベーターは百メートル彼方だった。駅員が不機嫌そうに、威張って言った。

「車イスは予約して頂きませんとね。私共も忙しいもんでね」

私は、俗にいうところの、キレた。が、まだ黙っていた。やっとホームに上がって、客が沢山いるあたりで、私は叫んだ。

「あなた、白手袋をして何故手伝ってくれないんです！　友人はスペインからきて急病になったんだ。車イスの予約なんて出来ますか！　私は友人に恥ずかしい！　あなたは一体何者なんだ。人間じゃないのか！　何が忙しいだ。何が地球に優しくだ。人間に優しくしたらどうです！」

白手袋は直立不動となって、小声で言った。

「すみません。ハイ。……そうやって言って頂いた方が、私共もよろしいんです」

いつでも言ってやる。一言でいうと、日本て、本当は優しくないんです。

大家マリア死す

雪舟展を見るために日本へ行くべく、マドリードの空港に座っていた。コーヒーも飲みあきたので、アトリエの大家のマリア婆さんに電話することを思いついた。先日家賃を送金したのが着いたかどうか。珍しく息子が出た。お人よしで甘ったれの、四十近い麻薬愛好家である。

「あッあんたか。今ちょっとだけ来てくれないか。時間ないか?」

「ないね。おっかさんを出してくれ」

「ママは死んだよ」

「何! 何! 何! いつだ?」

「三日前だよ。だから五分でもいいから来て欲しいんだよ。たのむ。今ダメか?」

「今おれは空港なんだよ。今から日本へ行かなくちゃならない。何で死んだんだ?」

「ママは前から体調悪かったんだ。三日前の夜の十時頃、おれと一緒にめし食ってたんだけど、スプーンを持ったまま突然カクッと前に倒れた。それでもう死んでたんだ」

何と困ったことになった。死ぬとは思わなかった。本当に死んだのか。あのすさまじい婆さんは、もういないというのか。それじゃ家賃はどうすればいいんだ。色々な思いがかけ巡って、私は宙をにらんでうなった。

「ウーン、信じられん」

「おれもだよ。いつもママはあんたのことを話してたよ。死ぬ前にもう一度あんたに会いたいって言ってたよ」

そうだったのか。時としてどう猛な鳥のように叫ぶ、アラブ人の怖ろしい面構えの婆さんが、してみると、何だかとても可哀想な、可憐な、孤独な少女のようなものに一瞬思えて、何だか目頭が熱くなるようだった。何のかのと言っても、彼女は随分と安い家賃でアトリエを貸してくれていたではないか。もっとも、もう二十年余りも月々支払っているのだから、こんなアパートぐらい買えるほどの金は払っているにちがいないのだが。そう思うと憎らしい。

愛憎の想い出が渦巻いて、私は言った。

「あーいあい！　何という痛みだ！」

「おれもそうだよ。いつ来てくれる？」

「二週間したら戻ってくる。そしたらすぐ会おう」

……日本から戻った私は、息子に電話をして、今すぐそっちへ行くと言った。

「ああ、来てくれるかい。あッそうだ、たのみがある。弁護士に金を払っちまって一文なしなんだ。少し金を貸してくれ」

「家賃はこないだ送ったろう」

「あれがもうないんだ。千ペセタ（千円ほど。庶民はまだユーロの感覚がない）だけでもいいよ」

おそらく麻薬を買ってしまったに違いない。

「そんな金はないね」と私は言って、すぐに彼を訪ねたが、窓にもよろい戸を下ろして、いくら呼んでも出て来なかった。スネたのである。

これからはこの麻薬息子とつき合うことになるのかと思うと、つくづくマリア婆さんが懐かしくなった。


地獄の臭いをかいだ。

後日、どうしてもその息子に会わねばならなくなった。

天気の良い日を選んで電話をすると、この中年の麻薬愛好家は上機嫌で、三十分後に会おうという。

約束のバルに現れた息子は、前より一層やせて、小さな黄色いアルマイトのヤカンみたいな顔である。へんなつやがある。

「おっかさんはお気の毒だったね」と言うと、急に泣きそうな顔になった。その手元を見ると、小さな黒革の書類入れを持っていて、脇から領収書の束などがのぞいている。つい先月まではママの〝たらちね〟と麻薬をしゃぶっていたくせに、ママが死んだとたんに、遺産のアパート四軒が転がり込んできたので、不動産屋みたいなものを持って外出するようになったとみえる。Tシャツを着て。嫌なものを見た、と私は思った。

息子のうしろから同じように小さくやせたカラス天狗みたいな中年女が入って来た。さっき電話であたふたと言っていた、「こないだ結婚した」女というのがこれか、と思った。私は仕方なく息を止めて女の頰にキスのあいさつをした。

テーブルに座ってコーヒーをたのむと、息子は母の臨終の様子をしゃべり出した。

「足先が腐って、毒が心臓に回ったんだ。一緒に夕めし食ってて、カクッと前に倒れたと思ったら、もう死んでた」

「スープ皿に顔を突っ込んだのよ」と女が注釈を入れた。

「ママは病院が嫌いだったからな。脚が腫れてベッドに入れないから、二か月間ずっとサロンのイスに座り続けだった。夜もそのまま寝るのさ」

その頃、私は何か億劫《おっくう》を感じて、家賃は持参せずに郵送していたのだった。また女が言う。

「そうそう、たしかガングレーナ（壊疽《えそ》）っていうのよ」

「女房もモロッコ人なんだよ。ママと同じカサブランカ生まれさ。ママの脚はこんなにパンパンに腫れてた」

「もうやめて、思い出しちゃうから。あたしマグロパイ食べようかしら」

「すぐに救急車呼んだんだ。でも来るまでに二時間もかかったんだぞ、畜生、人種差別者どもめ。着いたら奴ら、なんだもう死んでるぜって言いやがった。それから警察が来て写真撮って、さわっちゃいけねえって言って、帰った。それから丸二日間！　ママは死んでイスに座ったたままそこに居たんだ、こうやって！」

ゲッ、と言うかわりに「かわいそうに」と言えたのは、我ながら上出来だった。

「で、来月になると全部名義が俺になるんだ。それであんたのところの家賃なんだが、随分安いんだよな」

「そうそう。一体何平米《へいべい》あるのかしら？」

私は、カラス天狗の目をじっと見た。この女は、マリア婆さんが死にそうなころにハゲタカのように現れた。マグロパイはとっくに食い終わって、麻薬愛好家特有のトロリとした目をして、ゆっくりと言う。

「ね、教えて。何平米あるの？」

私は、地獄の亡者を見ているのだった。

闘牛の「気分」

マドリード郊外の私の住む町のはずれに、移動遊園地が来て、食べ物屋台のテントが二十程も並んだ。フェリア（春祭り）である。

すぐうしろは、もう地平線までつづく荒野だ。安物の羊肉を焼くどぎつい匂いを避けて、荒野の方へタンポポを踏みながら歩いてみた。いつもなら何も無いところに、赤土色の板で囲った大きな仮設物が見える。移動式闘牛場だ。

「しまった！」

と私は呟《つぶや》いた。もう陽は傾いて、闘牛があればとっくに始まっている時刻だ。もっと早く出てくればよかった。

小走りに近付いてみると、中からフラメンコの唄（カンテ）が拡声器を通じて聞こえてくる。板を踏みならす舞踊手のサパテアードの音もする。あれッ？　闘牛じゃなくてフラメンコ大会か？　どっちにしても心がわくわくする。円い板塀をぐるっと回ると、騎馬闘牛のポスターがあった。おお！　と叫んでさらに走ると小さな窓口があったので、勢い込んで中の娘にきいた。

「いつ始まったの?」

「うーん、七、八分前」と彼女は言い淀んだので嘘だと分かった。しかし彼女は客を入れたいのだし、私も入りたいので、五ユーロ(六百円位)払った。いやに安い。

騎馬闘牛は、それ専門の闘牛士が、人馬一体の妙技を駆使して馬上から牛を仕止める芸である。普通の闘牛より「わび・さび」が少ない分、曲芸めいていてスリリングで誰にでも楽しめる。もちろん牛は殺す。

缶ビールを買って客席に走り込んだ。直径二十メートル程の簡易闘牛場に丸く切りとられた真っ青な空。黄色い砂。白い小さな昼月。輝く夕陽。久しぶりだ。思わず呟いた。

「おお! ジス・イズ・スペイン!」

手前に騎馬闘牛士がはやる馬をさばきつつ砂ぼこりを立てており、むこうの塀ぎわには、派手なフラメンコ衣装の女が一人、馬と対峙するように威圧的なポーズをとって、じりじりと間合いをせばめつつある。見よ! 真実の瞬間。あれッ? でも何か変だぞ。そうか、女のかわりに牛がいなくちゃ、いけないんだ。ま、いいや、ビール飲もう。

砂に置かれたベニヤ板の上では、唄い手とギタリスト、それに手拍手の女二人が熱演しているが、フラメンコ伴奏付きの闘牛というのはない。第一、そこは牛の走り回る場所ではないか。牛はどうしたんだ、牛は。どうやらこれは、唄とギターに合わせて、踊り子と騎馬闘牛士が砂上で舞います、というドサ回りの一座なのだと分かって、私は力が抜けてしまった。肝腎の牛はいないのだ。安いわけだ。こんなの初めて。アンコなき鯛焼き。

二割程入った客達は、あきらめて拍手などしている。春を楽しむことにしたのだろう。ジス・イズ・スペイン。

やがて闘牛士は何を思ったか長い槍を持ち出して、馬上からそれをひきずって走り始めた。ものすごい砂ぼこりが客席を襲って、「闘牛の気分」がいやましに増した。

怪しい紳士

セビージャの春の闘牛を見よう。

まず切符を手に入れねばならぬ。市の中心を流れる、世にも美しい大河、グアダルキビールのほとりにある闘牛場の切符売り場に出かけてみる。が、人気闘牛士の出る今日なので、とうに売り切れである。で、カテドラル周辺にある、二割増し料金の、ベニア囲いの公認売り場へ行ってみると、やっぱり売り切れである。まあ、そのくらいの闘牛でないと、見る方も力が入らない。
二、三歩行きかけると、案の定、するすると、派手なネクタイに安からぬブレザーの、初老の紳士が寄って来た。安からぬ、といっても高級品ではない。汗ばむほどの晩春の西日の中を、冬物の上着を着ていれば、その意外さで高級品に見えるのである。
「一寸《ちょっと》失礼。そこでお見かけしましたので声をかけさせて頂きました。闘牛の切符をお探しでしょうか？お手伝いさせて頂けると思いますが、何枚御入用で？」

こういう上品な物腰の人もいるし、ズルズルのワイシャツの親爺《おやじ》もいる。つまりはダフ屋である。

「一枚だよ。でも買うとは限らないよ。値段によりけりだ。高けりゃ今夜マドリードへ帰るまでさ」

「闘牛の『気分』」

「大家マリア死す」

地獄の二人
（「大家マリア死す」）

セビージャのダフ屋
（「怪しい紳士」）

と、もの慣れた風にしゃべらねば、何も知らない観光客とみて先方は高いことを言う。

「ではこちらへ」

と路地を曲がると、スクーターに片尻をのせた男がいて、それが紳士に一枚渡した。巡査の目をごまかす工夫らしい。

「良い席ですよ。前から二列目。日陰席」

渡された切符には、前から七列目とかいてある。きっと日陰も嘘だろう。正価は四千二百ペセタである（三千五百円位）。

「いくら？」

「七千です」

「高い！　高いよ。六千にしなさい」

紳士は切符をひったくろうとしたが、私はそれを引っ込めて、「六千五百！」と言った。彼は「ぶおッ！」と言って両手を広げて抗議した。私はズボンのポケットから、輪ゴムでしばった千ペセタ札の束（といっても二十枚ほどだが）を取り出して一枚ずつ手渡した。

「……四、五、六」

「もう一枚！」と紳士が叫んだが、五百円玉を一枚、彼の手にのせてやった。彼はまた「ぶおッ」とふくれたので、「ま、一杯おごろうか」と言ったら、「うん」と言ってついて来た。スクーターの男が「おーい、どこへ行くんだ、この稼ぎ時によ」と叫んだが、「ちょっと待てや」と紳士は制して、私たちはすぐそこのバルへ入った。とたんに彼はくつろいで、

「商売は、損することも得することも両方知らなくちゃいけねえ」

と私にささやいたので、私は大笑いした。そんなことを客に言ってどうするんだ。

それから彼は、冷えたマンサニージャ（シェリー酒の一種）の杯を粋《いき》に飲み干して、

「会えてよかったぜ。おれはパコだ」

と名のり、私の名をきいて二度復唱し、握手をして、いかにもセビージャの旦那風にゆうゆうと腹を突き出して、西日の中へ出て行った。

マンサニージャの払いは、二杯で丁度五百だった。

赤いキモノ

一九七六年。スペイン政府給費留学生としてマドリードにやって来たものの、まだペンションの仮住まいからどうしてよいやら、私は途惑っていた。雨ばかりの寂しい初秋だった。

安レストランで夕食をとった後、スペイン人の真似をして傘なしで歩いて、近くのバルに入った。夜も遅いのに、沢山の老人達がさわいでいた。

カウンターでコーヒーを立ち飲みしていると、身なりの貧しい小柄な老婆が、少女のような声で話しかけてきた。

「何とうるさいじゃありませんか。私はこんな下品なスペイン人なんかじゃありません。アルゼンチン人です。あなたはどちらから？」

「日本です」

「日本！　私は日本人には思い出があるのです」と言いながら、彼女はカウンターの上にどさりと手さげ袋を置いた。傾いた袋の口から、乾いて固くなったパンがカラカラと転げ出した。

彼女は、恥じたようにあわててそれをに戻した。

「何か飲みませんか」

と私は言った。

「ありがとう、じゃオレンジジュースを。私の母は世界初の女性新聞記者でした。小さな私は母に連れられて世界中を旅しました。日本にも行きました。帝国ホテルに泊まって、地下のお店で赤いキモノを買ってもらいましたよ。それはそれはきれいでしたよ」

目の奥にその赤いキモノが今もはっきり見えているかのように彼女は笑った。

「それから船でフランスに行くことになりました。船の上で、私は二人の若い日本の男性と友達になりました。私はまだ小さかったから、とても可愛がってもらったんですよ。一人は貴族で、ナベシマという人でした。もう一人は画家で、フジタという名でした」

一瞬、私は鳥肌が立った。佐賀の鍋島と、画家というのは藤田嗣治ではないか。何という巡り合せだろう。果たして今やこの老婆は、身よりのない貧しい老人の定番ともいえる大きな手さげ袋に、飢えから逃れるための乾いたパンをつめて歩いているのである。

「彼らは本当に素晴らしい人たちでした。あの船旅は私の人生の大切な思い出です」


夜ふけて、彼女を暗い露路の奥の老人用の慈善宿舎のようなところまで送って行った。「また会いましょう」と言って別れたきり、再び会えぬまま二十六年が経っている。

数年前、私は佐賀県の鹿島という町の古い大きな酒蔵で個展をした。その折、すぐ裏手の竹林の丘のふもとに、泰智寺というカヤ葺き屋根の素朴で美しい寺を見つけた。本堂の縁で涼んでいると、奥さんが出て来てお茶をいれてくれ、ここは鍋島家の菩提《ぼだい》寺だと教えてくれた。

それで私は、あの老婆のことを思い出して、話をした。すると奥さんは、

「ああ、それはきっとナオタダさんですよ」

と言って、堂内に林立する巨大な位牌の中の、一番手前の小さなひとつを指した。

「この方です」

ディズニーはスペイン人である

ウォルト・ディズニーは、実はシカゴ生まれなんかではなく、スペインのアルメリア県モハカル村生まれの、貧しい移民の子であったというのは、本当らしい（「パセオ・フラメンコ」二〇〇二年三月号。又はhttp://www.mojacar.com）。

私も随分前に、あるスペイン人の知人から同様の話をきかされて驚いたことがある。彼の祖父が移民としてアメリカ合衆国へ渡る時、同じ船に乳呑児《ちのみご》のウォルト・ディズニー（右の記事によればホセ・ギラオ・サモラという名前）とその若い未婚の母（イサベル・サモラ）が乗っていたというのだ。

あん、やっぱりね！ と私は思うのである。だって、ディズニーのアニメの中で、森の木がぐにゃりと笑ったり、カボチャが溶けて馬車に変わったり、魔法の杖から星屑が渦巻いて流れ出したりするめざましさこそは、十七世紀に生じて以来、「過剰」「悪趣味」の代名詞として、スペイン人の心の奥底、筋肉の隅々にトグロを巻いて今日まで生き延びた「バロック」のイメージそのものなのである。

スペインのごく普通の家庭の、ベッドやタンスやテーブルやイスの端々を飾る、過剰に渦巻く悪魔のようなバロック模様！

大きく育つの余り傾《かし》がってうねり出す、おばさん達の鼻。ぐるぐる回る大きな目玉。野に出れば根元から渦巻くオリーブの木。そして人々の心に我がちに泡立つエゴイズムの波と自己賛美の竜巻！

関係代名詞「ケ」の後に続く、延々たる形容の行列。めまいを感じずにはいられない庶民たちの言動！

まさしく「バロック」である。

そうして、同じくスペインの画家達。ピカソの破壊的歪《ゆが》み。ダリの柔らかく溶け出した時計、めくれる海の皮膚。

ガウディのグエル公園で、「何だこりゃディズニーランドじゃないか！」との実感溢れる観光客の叫びこそ、誠に正しかったのである。そう、全部スペイン人なのだ。私は「世界美術史」に一言謹んで申し上げたい。

スペインは、現代に生き残った不治の病「バロック」のネス湖である、と。

バスク地方の州都ビトリアへ、個展をすべく出向いた折の汽車の中、私の向かいに上品な老婦人が座っていた。彼女の顔をしかめる程に痛む脚を、ツボを押して治してあげたことから、お互いの話が始まった。

「私の息子も絵描きになりたかったんですよ。少年の頃絵がうまかったので、ある人がディズニーの会社で働くように紹介してくれたんです。私と息子は絵を持ってウォルト・ディズニーに会いにアメリカへ行きました。ええ、本人ですよ。とてもほめてくれて、息子はそこで働くことになったんです。でも他の人達があまりうまいので、やがて自信をなくしてやめちゃいました。今は貿易会社を経営しています。その時、私はディズニー氏にきいたんです。あなたは本当はスペイン人だそうですねって。すると彼は微笑んで言いましたよ。ま、そういうふうに言われてますなって。彼は否定しなかったんですよ」

「1」の謎

つい最近まで、私は二人の娘の通う中学と高校がどこにあるか知らなかった。しかし二人はそれぞれに学業順調らしく、スペイン人の先生方は日本人は優秀だと思い込んでいるという。迷惑な話である。第一正しくない。優秀なのは日本人一般ではなく、私の娘二人なのである。

特に長女は数学が得意で、全国数学コンクールなどに学校代表としていつも出ている。スペインの数学であるから、恐らく鶴亀算も流水算もない、単純な足し算なのではないかと私は思うのだが。

いつも全部私事で恐縮だが、私は小・中・高と、算数・数学に苦悩した者である。こんなものがあるばっかりに、私の学校生活はつらかった。このごろ日本の学校では、円周率が3・14から3になったそうだが、もっと早くして欲しかった。第一そんな勝手にいじれるものなら、いっそ1にしたらどうか。

今でも話が数字のことや金額の話になると、胃腸も脳もカチャッと音を立てて止まる。私が宙をにらんで胸算用をしていると思う人もあるらしいが、それはちがう。足の指まで緊張して呆然としているところなのだ。

小学校の算数というものに、当時の私は欺瞞《ぎまん》を感じていた。たとえば、一個五円のミカンを六個買いました、いくらでしょう。答えは五かける六で三十円。

それじゃ一個の一はどうしちゃったんだ？　と私は悩んだ。問いの時には存在したのに、答えの時にはなくなってしまうのはおかしいではないか。適当に都合の良い五とか六とかの数字だけを選んで使って、何だか用のなさそうな一は捨てていいのか。

友達に聞いても、「これでいいんだよ！」と言い捨てるばかりである。

彼らの目は、本当にはわかっていないくせに、やり方さえ覚えればコトは穏便にすむと思っている、コトナカレ主義者のそれであった。

小学五年生担任のY先生は、よく鶴亀算や流水算の問題を出し、出来た者から帰ってよいと言ったものだった。いつも私とO君が最後まで、口をとんがらせたまま居残った。ある時、O君が何かの拍子に出来、私に済まなそうな目を向けて帰って行った。それは裏切り者の目だった。わかりっこないものを、わかったようなフリをして、自己欺瞞のうちに彼は帰ったに違いないのである。空腹と孤独に屈したのかもしれなかった。

中学の数学のM先生は、

「よーし、みんなわかったか？　わからん者は手を上げろ」

と言った。私は素直に手を上げた。するとM先生は、

「よーし、一人か。次いこう」と言った。

ふり返って私を見る級友たちの目は、ムチを恐れて歩む奴隷のそれだった。

そのころの同級生の一人に何十年ぶりかで会った。彼はかつて劣等生だったくせに、

「おれは三億円貯めたぞ」

などと言った。なるほど、一個十円のミカンが三千万個か。しかし、私は未だに、ミカン一個の一の謎が解けない。一とは、いうまでもなく、私自身であり、宇宙のことなのである。

絶壁頭のわけ

私の長女は十七歳、次女は十二歳である。長女は日本で生まれ、次女はマドリードで生まれた。父（私）も母も日本人である。

長女は私より背が高く、脚も長いが、体型からくる感じは日本人的なものである。次女は不思議なことに、骨格も肉づきもスペイン人的である。つまり胴回りはまん丸だし、顔つきは日本人だがその幅がいやに狭く、長頭型である。父母のどちらの家系にもこういう形はない。

スペインでは、生まれてすぐの赤ん坊をうつぶせに寝せる。顔は横を向くので、そのせいで頭が横におされて長頭型になるのではないか、と私は思うのである。背骨も床で平らにされることがないので、豊かなカーブを描く。スペイン人のお尻が立派に丸く突き出しているのはそのせいではないか。これは私の推論にすぎないが、ふつうの日本人体型の私の家族にこんなスペイン式体型の者が生まれるというのは、他に理由が見当たらない。ちなみに、我が家の食べ物は、肉の少ない貧乏豆（レンテハ）のスープばかりである。

長女は日本式にあおむけに寝かされた赤ん坊だったので、いわゆる絶壁頭である。

長女が小さい頃、熱を出したので近所の医者に診てもらった。中年の彼は日本人の患者ははじめてらしく、長女の後頭部にさわってびっくりしている。

「これはどうしたんです?」

「どうって、私たちは大体こんなもんですよ」

「へえ!……そうですか。あッそうそう、医学書で読んだことがある。あなた方日本人は生まれてすぐ赤ん坊を平らな板の上に、あおむけに寝せるんですってね。それで後頭部を平らにするんでしょう?」

「板の上に?」

「そう、板の上に。なるほど、だからこうなるのかあ。ふーん」

勝手に感心している。

「板の上に寝せるってのは嘘ですよ。私たちは板の上に寝せたなんてことは一度もない。あおむけってのは本当ですがね」

「いや、板の上です。確かに板の上です。そう書いてあった」

「あのね、本に何と書いてあるか知りませんが、私たちは日本人ですよ。そして板の上に赤ん坊を寝せたことは一度もありませんよ」

「いや。本にはそう書いてある。ハハハ、実は板の上に寝せたことがあるんでしょう?　あなた方は忘れているんだよ、ハハハハ」

医者は、私の肩をポンとたたいた。

知識とは何か？　本を読んでそれを信じることである。さらに言えば、眼前の事実を信じないことである。あるいは事実と眼の間の小さなすき間に、本で読んだあれこれをぎっしりとクサビのようにさし込むことである。眼のウロコだ。それが多い人ほど「優秀」である。

妻と私は顔を見合わせて、長女を抱いて帰って来た。

今、シャワーを浴びた次女が裸で走り去る姿をちらりと見て、そんなことを思い出した。

汝の敵を許せ

アトリエを出て階段を下りて行くと、暗い井戸底のような下方に、太った黒い塊が見えた。嫌な予感がしたが、やはりそれは隣の〝転び司祭〟のロメーロ老人だった。黒い背広を着て、両手に白いスーパーマーケットの袋を下げて、階段を一歩一歩ゆっくり上ってくる。

その昔、村の司祭でありながらに村娘を妊《はら》ませ、ローマまで行って還俗し、男ばかり子を六人もなし、このアパートの老人達に金を貸してはそのカタに部屋を取り上げて、高い家賃で外国からの出稼ぎや亡命者たちに貸し、まあ、そこまでは私の知ったこっちゃないのだが、その住人が起こした洪水のせいで、私の浴室の天井が二十キロの塊になって落ちて来た。それを修理するのは大家のロメーロの責任なのに、何年もの間、私が催促しても意地のようになって、無視し続けた。やがて私が彼を突きとばしたのでやっと修理をしたが、また洪水が何度も起こって、先頃、十数年ぶりに一応天井の修理が終わったところである。南無三宝。

その、ケチで頑固で人種差別者で利己主義で悪らつな老人が、犬のようにハァハァ息をしながら、一段ずつ苦しそうに上がってくる。私はいつものように無視してすれ違おうとした。しかし、すれ違いざま、ロメーロはあの嫌な図太い声で「オジェ（おい）」と言った。

数十本残った頭髪のためにこの老人は非常に臭いポマードを常用している。坊主が憎いからこの匂いも憎い。

ロメーロは、半熟になる前のぶよぶよしたゆで卵の白身を二ツ、眼窩《がんか》にはめ込んでいる。目玉だ。そこににじみ出たシミのような灰色の瞳がこちらをにらんでいる。この目玉こそ、私の積年の敵なのである。それが私の顔から二十センチ程に近づいてきて、言った。

「おい、聞け。おれは嫌なんだ」

「何だと」と私は唸《うな》り声を出した。

「おれは嫌なんだ。隣人同士でありながら、こうして対立して生きているのが」

意外なことを言うので私はびっくりした。

「これからは、互いに話し合おうじゃないか」とロメーロは続けた。

あッ、この爺さんもうじき死ぬな、と私は直感した。先頃私の大家マリアが死んだ。爺さんも罪業を悔い改めて死にたいのだろう。私は二秒の間に仏心を出して、「よろしい」と荘重に言った。私も鶴亀算より御破算の方が好きだ。突然、ロメーロは階段に袋をおろして、私に抱きついてきた。長年の因縁が消滅したという実感があって、私は感動した。こんなことを言い出すには勇気がいるはずだ。ロメーロという男の、これは偉大な瞬間かもしれないと思った。

道を歩きながら、しかし私は混乱していた。奴は本当にそんなにも苦しんで、ざんげしていたのだろうか。それとも、奴はマリアの麻薬息子から私の部屋を買いとりたくて、まず私を懐柔しようと企んでいるのか。

「汝の敵」も「汝の隣人」も同じように愛せというのがキリスト教だから油断は出来んぞ。裏切者ユダはキリストを抱擁したではないか……。

どうも妙なことになった。私をマイナス面で支えてきたロメーロへの憎しみがあいまいになって、急に生きるハリがなくなった。

ふと、明日は私の父の命日だということに気がついた。ロメーロを許せ、ということか。

転び司祭ロメーロ
（「汝の敵を許せ」）

「ディズニーはスペイン人である」

「『1』の謎」

「絶壁頭のわけ」

悲しきアルゼンチン

アトリエの扉の下に、紙片がはさまっていた。取り上げて見ると、スペイン語で、と書いてあった。

「シシリーから帰ったらまた来ます」

シシリーに行くような優雅な友人はいないから、何かの間違いだろうと思って、紙を床に捨てた。それを忘れて、またあとで同じ紙をひろって、裏を見ると、「クラウディア」の署名に気づいた。クラウディアが、十年ぶりに来たのだった。

彼女は娘のハスミンとずっとスペインに住んでいて、十年前に祖国アルゼンチンに帰った。その後、アルゼンチンは国ごと破産をした。

クラウディアは美術評論や紀行文を書いていたが、それだけで生活しているふうではなかった。金持ちのファミリーの出らしく、一度ファクスの故障とかで、彼女の遺産相続に関する書類を私のファクスで受けてあげたことがあったが、沢山の絵画やペルシャじゅうたんやらの宝物のリストが延々と出て来て、びっくりしたことがある。

さて、アルゼンチンの今日の悲惨な経済状況を、私はスペインのテレビで見て知っているが、日本の諸賢は御存知だろうか？　日本の新聞やテレビの不思議なところは、パレスチナの戦争やアルゼンチンの破産やアフガニスタンの惨状が、決してトップニュースにならないことだ。それよりも、マキコがくしゃみをしたとかムネオが滑ったとかが、まさに人類最大の怒りをもって語られている。「海外」で「外人同士」が何百人殺されようが殺そうが、「海外トピックス」なのである。物凄い「国際感覚」だ。世界でも珍しい。イリオモテジャパニーズだ。

巨人阪神、マキコ、ムネオ、純一郎、の一挙手一投足に対する細かい分析と好奇心の、ほんの一割でもよいから、シャロン首相やブッシュ大統領の行動に対して向けるなら、私たちはもう少し賢い「国際貢献」が出来るだろうに。

時折帰国して思うのは、日本人がどんどん馬鹿になっている、ということだ。いくら私が日々賢くなっているにしても、もっと早いスピードで皆馬鹿になって行くのだ。実は日本人は何も知らされていないのではないか？　インターネットやテレビ等で、地球の裏側の出来事も瞬時に分かる時代になった、などとみな口々に言い合っているようだが、そんなの単なる思い上がりだってこと、どうして分からないんだろう？　マドリードのモラティン街三十六番地で、死後三日間放置されていたマリア婆さんのこと、知っていましたか？　二十九年前の七夕の日に死んだ、世界最高のフラメンコギタリスト、ディエゴ・デル・ガストールを聞きましたか？

ほら、何も知らないじゃないか。それじゃブッシュ大統領の知能指数は？　知りませんか？　だったら私と同じだ。私はパソコンを持っていない……。

さて、クラウディアは、シシリーからマドリードに戻って来て、何だか不思議な話をしてくれた。

国全体が破産したアルゼンチンから、十年ぶりにスペインへやって来て、ちょいとシシリーでバカンスを、というクラウディアを見て、やっぱり金持ちは国の経済状態とは無関係なのか、と私は思った。

しかし、私の妻と三人で夕食を共にしながら聞いた彼女の話は、そんなのではなかった。

「アルゼンチンの今？　ハッハッハッ、せっかくスペインにいるんだから、思い出したくないわ。あさって帰るまではね。そりゃひどいものよ。たとえば、そうね、どこかの上品な婦人がちょっとおめかしをして、買い物に出かけました。スーパーマーケットに入ったとたん、もう、おめかしも品格もあったもんじゃない、彼女はボロボロよ。だって、物の値段がきのうの三倍も五倍もする。彼女は何も買えないで、歩いて帰るしかないのよ」

「ふーむ。笑うしかないなあ」

と私はクラウディアがおかしそうに話すので、笑った。

「でもね、チアキ。こないだ、パリに住む若い女の子と電話で話したの。彼女は、あなたそれは世にも珍しい経験だから面白いじゃない、と言ったのよ。でも実際にそこに生きてごらんなさい。笑っていられないわよ」

「じゃ何だってシシリーなんかに？」

「アハハハ！　銀行に貯金を全部取られた女友達が、彼女のスペイン人の友人（といってももう八十歳のおじいちゃんなんだけど、）を紹介してくれたの。ブエノスアイレスで皆で談笑している内に、じゃあいずれ皆で地中海のメノルカ島へ行こうって盛り上がったのよ。もちろん何年も先の夢よ。ところがしばらくしたら、そのおじいちゃんからマドリード行きの航空券が送られて来たの、女友達の所へも。で、私は今ブエノスアイレスでどうやら働いてるんだけど、すぐ休暇を取って彼女とスペインへ来たって訳」

「そのじいさんは金持ちなんだな」

「昔スペイン政府高官だったんだって。マドリードへ着いたら自家用のジェット機が待っていて、さあメノルカへ行こうっていうのよ。私達は言ったわ。ねえ、ラモン（っていう名よ）、これで好きな所へ行けるならメノルカよりシシリーがいいわって。それにマドリードの昔の友達にも会いたいから、出発は二、三日後にしてって。それでチアキのアトリエにも行ったのよ。さて、ジェット機でシシリーに着くと、彼の大きなヨットが待ってたわ。豪華な船室に泊まりながら、シシリー島一周！　それから一旦マドリードへ戻って、今度はトロヤの遺跡を見たいわって言ったの。ラモンも奥さんもノっちゃって、よーし行こうって。トルコよ。ジェット機で着いて、またヨット。トロヤを見て、私は感激して泣いたわ。素晴らしいわよ、チアキ、是非見なさい」

「すごい幸運だね。信じられん」

「アハハハ、本当に色々な人がいるものね。私も驚いたわ」

「君の人徳だよ」

「笑っていれば良い事は来るものよ。旅の前に私の上司が五百ドル貸してくれたの。返すのはいつでもいいって。この悲惨なアルゼンチンに、たった一人でも幸運な人がいるというだけでうれしいからって」

夜の町で、私達はクラウディアと別れた。悲しかった。今度はいつ会えるだろう。

スペインに来た登校拒否生

日本の高校二年生、いわゆる登校拒否生だという息子さんを、十日ほどスペインでどうかよろしく、と頼まれてしまった。

いくら頼まれても、家は狭苦しいし、アトリエの寝具はダンボールである。で近くのペンションに泊まってもらった。

半日、安レストランやバルでの注文の仕方やメトロの乗り方を教え、翌日からは、もう一人で突き放した。そのかわり、夜になったらバルで会って、その日の出来事を話してごらん、ということにした。

背のひょろ高い、メガネをかけたひ弱そうな男の子である。何かを志しているふうでもなく、話をしても、ハア、とぼやけた返事をするばかりで、どうにも頼りない。

それでも、夕方になると、私の指定した、毎日違うバルに何とかたどりついた。

「よく来られたなァ、アハハハ、疲れたか?」

「ハア」

「まあビールでも飲めよ」

「あのお、僕まだ高校生ですから……」

「あ、そう。ま、いいじゃないの。でもコーラにしとくか？　自分で決めろや」

「あ、ビールでいいです」

「おい、座るなよ。男はこの辺じゃ立って飲むんだよ。ホラ、このチョリソ（血入りの腸詰め）食えや。安くてうまいんだ。今日はどこへ行って来た？」

「ハァ、あそことあそこへ行きました。でも、あそこのトイレで腕時計を失くしました」

「そいつはよかったなあ。この辺じゃ時計はいらないんだよ」

「ハア、でもその時計、死んだ母の形見だったんです……」

「そいつは気の毒だなあ。しかしそんなもの持って来るのが悪いんだよ。どうする？　泣くか？　ま、失くなったものは仕方ない。一杯飲めや」

彼はビール一杯で酔ったらしく、長い体を曲げて、アゴをカウンターに乗せてかろうじて立っている。バルのアコーディオン弾きがその背中をポンッとたたいた。

「どうしたい！　いい若えもんがよ」

ひょろり、と立ち直った高校生の目の前で、激しくアコーディオンが鳴り、酒ビンを頭にのせた男が彼の周囲を踊って回り、女達はゲラゲラ笑った。

高校生は呟いた。

「こんなのって、本当にあるんだなァ……」

「アッハッハッ！　テレビの中だけだと思ったか？　明日は郊外のチンチョン村へ行って来いや」

翌夕、彼はバルに戻って来て、言った。

「行って来ました。一日中、石段に座って、村の子供やお爺さんと遊んで来ました。本当に、時計なんていらないですね」

やがて彼は日本に帰った。彼の父親からの手紙によると、彼はスペインで自信をつけたらしく、クラスの皆の前でその経験を語り、毎日張り切って学校に通うようになったそうだ。さては、スペインには何らかの「入浴効果」があるのかもしれない。

スペインの露天風呂

スペインに温泉はありますか？　ときかれることがある。

イタリアは火山国だから、沢山良い温泉があるらしい。スイスのバーデンという町には、アーレ川が屈曲するところに透明な良い湯が湧《わ》いている。その露天風呂から対岸の残雪を眺めるのは至福である。時折、ポーン！　とチャイムが鳴って、おそろいのキャップと水着をつけた客は、壁にそって一メートル程ずれねばならない。異なる高さからマッサージ用のジェット噴流が出ているのである。永世中立国、というか衛生忠実国という感じだ。


さて、スペインにもいくつか温泉はある。

アンダルシアの山中のアラマ・デ・グラナダという小さな村にもひとつ湧いている。「アラマ」は、アラブ語で温泉という意味らしい。

村はずれの低地、激しい地殻変動を思わせる大岩のそびえる地峡をぬけると、林の中に川が流れている。

そのほとりに瀟洒《しょうしゃ》なホテルがあって、夏の間だけ営業している。源泉はその建物の中にあって、驚くほどの湯量を、そのまま川へ捨てているのである。その管の出口のところに、村人が石で川水が入らぬように囲いを作って、さしわたし十㍍ほどのプールにしている。無料の露天風呂である。どうどうと豊かに流れ出る湯は透明で、細かな泡が肌につく。入った瞬間はやや熱いと感じるが、いくら入っていてものぼせることがない。浅い川床のプールに（水着で）横たわって木々の梢と青空を眺めるのは、至福のひとときである。

こういう入浴感から考えると、湯質はアルカリ性で、細かな泡はラジウムを含むように思われる。あとあと体が暖かいからである（まさに〝通〟の意見ですな）。しかし酸性の湯でも体はよく暖まるから、そちらかもしれない。そもそも、酸とアルカリとは何だろう？　よくわからない。

村人に混ざって、よく温泉好きのドイツ人も浸っている。大きくもない風呂に、皆仲良く寝そべっている。村人は、よく湯口付近で石ケンやシャンプーで体や髪を洗うので、泡が下流へ流れてくるのが困る。温泉の数が少ないのだからやむをえないが、スペインには温泉のマナーも文化もないのである。そのくせ彼らはこの温泉を誇りに思っているらしい。村の中年男が言う。

「おらァ地元のもんだ。ここは夜中がいい。星の光だけだ。でもまっくらだから、地元のもん以外は危なくて、まあ無理だろうな。おまけに、おれたち地元のもんは……」

と、彼はむりやり頭から体を湯口の管の中にねじ入れようとした。

「エイッ、エイッ、よいしょッ！　ほらッ、こうやって管の奥の方へ入っていくことも出来る。ああ、いい気持ちだ」

のぞいてみると、暗くて狭い管の奥に、身を屈した男のひざとひじだけが見えた。どこが気持ちいいのかわからない。

暗い行列

何年かに一度、居住のためのビザを更新しなくてはならない。これが頭痛のタネである。申請しても、もらえる人ともらえない人がいる。何らかの基準があるのだろうが、法律の改正がひんぱんにあったりして、とうてい私などにはわからない。が、運良く私はもらえているので、こうして長居をしているわけである。

何と何の書類が必要なんですか？　と新参の同胞に聞かれることもあるが、私は知らない。考えたくもない。一切、妻に任せてある。

彼女もよくわからないので、弁護士に任せているらしい。弁護士といっても、昼間から娼婦が立ち並ぶガラの悪い通りの屋根裏部屋に事務所を構えている、威勢の悪い、ボソボソと話す中年男である。どこで妻はこういう人物を探してくるのか、一度きいたが、忘れた。

弁護士に金を払いたくない人は、まずモラティン街にある、警察の外国人登録課に出向かねばならない。丁度、ここの斜め前が、私のアトリエの大家マリア婆さんの家である。アラブ人の彼女が死んだ時、遺体を丸二日間放置させたのは、ここにいる巡査の誰かであろう。

そこへ行って、三時間ほど並ぶと必要書類のインフォメーションがもらえ、次回の予約が出来る。書類を全部そろえて、予約の日時（大体三か月以上先のことだが）に家族そろって行くのである。審査結果が出るのも三か月先、もしその時書類に不備があると、また並び直しである。

道に沿って、ズラリと並んで待っているのは、居住ビザや学生ビザや労働ビザを欲する全ての外国人だが、ほとんどはアラブ人、中南米人など肌の浅黒い人々である。

その列と関係なく、時折、アタッシェケースを持って、門番の巡査にあいさつして出入りいているスペイン人が、弁護士たちである。どんなコネと袖の下があるのか知らないが、かなりスムーズである。私たちはそういう人たちに金を払って、ことをスムーズにしてもらっているのだから、いわば役人に裏金を払って注文をもらった会社みたいな立場になるのかもしれない。だから彼らにならって、よくわからない、と言っておこう。いや実際、よくわからない。


いくら弁護士に任せたからといっても、一度は列に並ぶはめになる。朝九時に開く事務所に、七時から並んだ。スペインのその時刻はまだ暗い。暗い道に暗い肌の暗い表情の人々が、すでに何十メートルも並んでいる。移民の群れである。亡命者もいるかもしれない。役人にひとつの質問をするのでさえ、こうして並ばねばならぬ。

アラブ人の後、南米人の前に、私と妻と二人の娘は、彼らのように黙って並んだ。列の先頭はペルー人の男で、朝四時から並んでいるらしいと、前方から噂《うわさ》が伝わってきて、皆笑った。

私は、「雪舟展じゃ二時間並ばされた。人を並ばせるのが国家の仕事さ」と妻に言った。妻は、

「スペインなんか良い方みたいよ。日本なんかひどいらしいよ。在日韓国人の友達なんか、日本国籍を取る時、並ばされて君が代歌わされたってよ」

と言った。

「キミガヨって何?」と次女が言った。

スペインの七五三

子供の服の種類が、日本よりスペインの方に多くて、しかも可愛い。

生まれたての赤ん坊にも靴をはかせる。以前妻が、ゼロ歳だった長女に靴をはかせずに（日本なら当然だろう）抱いて歩いていたら、おばさん達が眉をひそめて、「大変なのねえ」と言ったそうだ。貧乏で赤ん坊の靴も買えないと思ったらしい。

スペイン人は、子供をちやほやする。そう言って悪ければ、大切にする。溺愛する。寄ってたかって、「可愛い、可愛い」とほめそやし、「美人だ美人だ」、「美男だ美男だ」と叫び合う。子供は毎日それを聞いて育つから、つい、本当に自分は美男（女）で、賢くて、世にも重要な存在だ、と信じるようになる。

母親たちは、五秒に十回ずつキスの雨を降らせるので、特に男の子などはめろめろになって、男らしさを失ってしまう。なのに、社会へ出ると、そこではめろめろの反動でマッチョ（男らしさ）を強調する習いがあるので、それについていけない男たちはノイローゼになって、十三夜の日には閉所恐怖症が出て、エレベーターの中でしゃがみ込んだりしてしまう。

もっと母親の唾の匂いになじんでしまった男たちは、もうダメだ。スペインに男色家が多いのはそのせいだ、と私は思うのだが、さしさわりがあれば黙る。

日本の七五三に似たお祝いが、プリメラ・コムニオンである。十歳ほどになった子の成長を祝って、親類や友人を招き、盛大に騒ぐ。

アンダルシアの友人に招《よ》ばれて、これに行ったことがある。

私は気軽に、Gパンにシャツというういでたちで出かけた。貧しい漁村だから、これでいいだろうと思ったのもあるし、他に着るものとてない、という事情もあった。

友人の子は、同時に祝福される他の子らと一緒に、白い花嫁姿である。教会に入ってから、私は自分の軽装を恥じた。参会者は皆背広ネクタイの正装だったのである。裸足の娘を抱いているような気分になった。

「こんな格好で来ちまったよ」

と友人に言うと、

「ま、いいじゃないか、問題ないよ」

と彼は私を慰めた。スペインで大切なのは外見である。

子供たちとその家族たちで満堂の祭壇に神父が立ち、説教を始めた。

「皆さん、今日はおめでとう！　今朝の新聞によりますと、モロッコから来たトラックの床下にもぐり込んで、男の子が、そう、丁度皆さんと同年齢位の少年が、スペインに密入国したのが見つかったそうです。その時、警官に向かってその男の子の言った言葉が、〝撃たないで！〟だったそうです。何と、皆さんは幸せなことでしょう。すぐ隣の国では、少年が警官に向かって、〝撃たないで！〟と叫ぶほどの不幸があるのです。

皆さんは今日の日を、こんなにも御家族に祝福されて迎えました。皆さんは、幸せです。世界には、貧しく苦しんでいる国が沢山あります。その人たちのために祈ることを忘れないで下さい」

説教が終わると参会者全員は立ち上がって、隣席の者同士、見知らぬ相手でも、抱擁とキスをし合った。私もそれをし、された。ちょっと柔らかい気持ちになった。

クラウディア
(「悲しきアルゼンチン」)

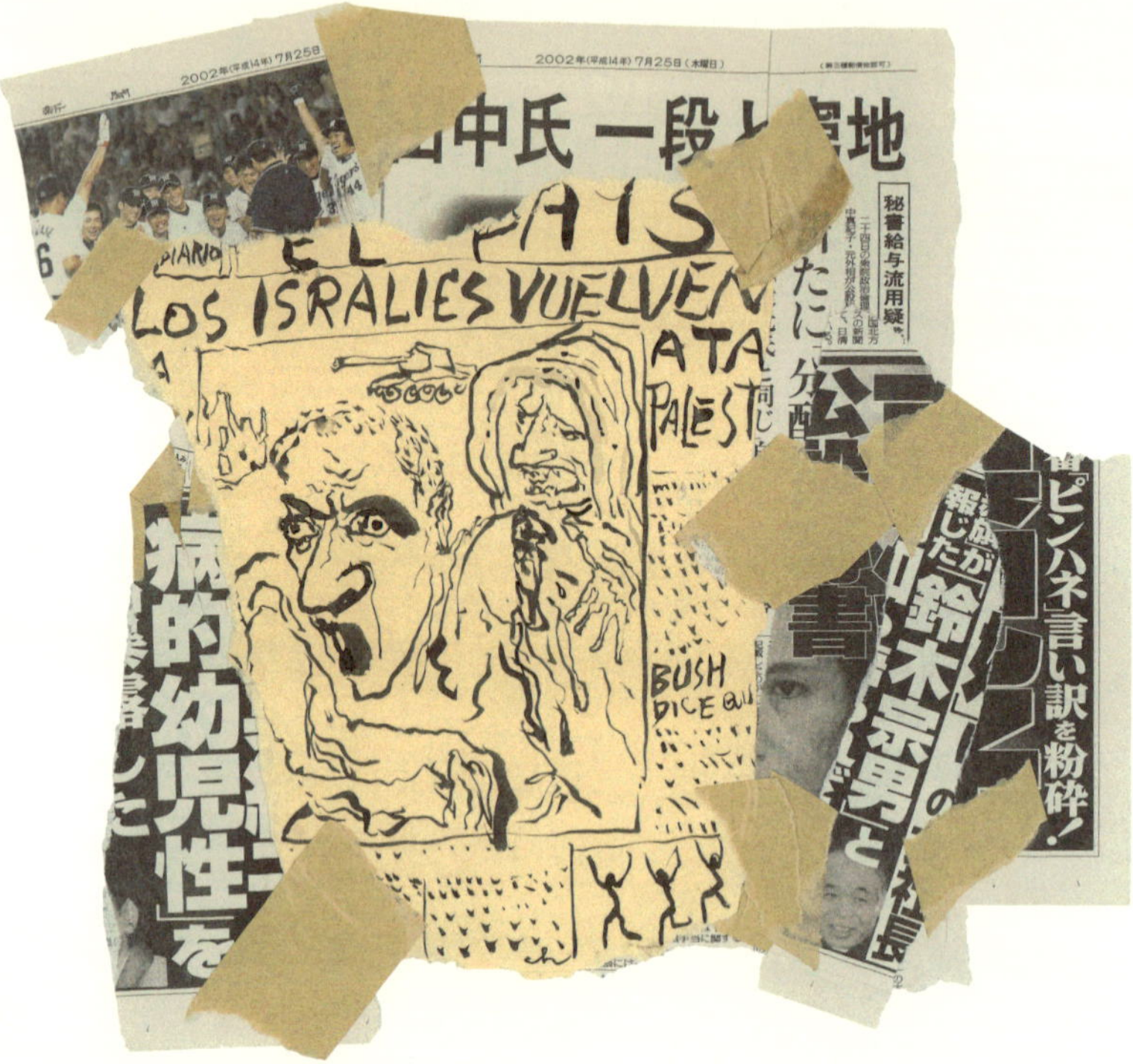
2002年(平成14年)7月25日(木曜日)
中氏 一段
秘書給与流用疑
EL PAIS
DIARIO
LOS ISRALIES VUELVEN
ATA
PALEST
BUSH
DICE QU
「ピンハネ」言い訳を粉砕!
鈴木宗男」と
的幼児性」を

「悲しきアルゼンチン」

「独裁から自由へ」

「スペインに来た登校拒否生」

「暗い行列」

「スペインの露天風呂」

「スペインの七五三」

「マグロに鎮静剤」

独裁から自由へ

一九三九年から一九七五年までの三十六年間、スペインはフランコ将軍による独裁政治であった。それでも、観光客は自由に出入り出来たし、長期滞在は今より簡単だった。私は一九七三年に、約半年間マドリードに居たので、フランコ独裁時代の匂いは知っている。

男が三人以上集ってはならぬ、とされていた。全てのバルは夜中の三時まで開いていて、そこには男たちが集うのだが、こみ入った会話はなく、私のような外国人の若造が入って行くと、客は私の肩を抱き、壁にかかったフランコの肖像写真を指して、

「いい人、いい人」

と言うのだった。私はもちろん、うん、うん、と肯《うなず》くほかはない。

工事現場や、市場や、街頭の売店などでは、よく小さな男の子がりりしい顔をして働いていた。あるアイスクリーム売りの少年が、悲しそうな顔をしてうつむいていた。私は当時スペイン語がよくわからなかった

のだが、片言で「どうしたの」ときくと、お腹が痛いということが判った。日本人旅行者が皆持参していた正露丸をあげると、彼は「ありがとう《グラシアス》」と言ってそれを飲んだ。しばらくすると、少年は笑い、治った、と言う。そこへ少年の父がやって来て、少年から事情をきくと、怖い顔をして私に言った。

「クアント？（いくらだ）」

私が「ナダ（無し）」と答えると、ニッと笑って握手をしてきた。

町内の各ブロック毎に、セレーノと呼ばれる夜警がいた。フランコと同じガリシア地方（北西部）の何か言う村の出身者だけがなれる、という話だった。多くは目のどろんとした、太った老人である。制服、制帽に長い警棒を持ち、受け持ち区域の全てのアパートの大扉の鍵を、じゃらじゃらいわせて腰に下げている。住人はそれを持っていない。夜十一時以降帰宅する住人は、自分のアパートの大扉の前に立ち、手をパンパンッと打たねばならぬ。どこかのバルで一杯やりながら、その音を聞いたセレーノは、警棒で石ダタミをカンカンッとたたいて返事をし、ぶつぶつ呟《つぶや》きながらやって来て扉を開けてくれる。住人は彼に、三ないし五ペセタ（十五～二十五円）のチップをやって中に入る。

セレーノは、夜の町の治安に役立つと共に、集会や住人の出入りを監視していたのである。「自由」は禁句だった。

一九七五年にフランコが死ぬと同時に、スペインは「民主主義」となり、人々は「自由！」と叫んだ。フランコの写真を指して「いい人」と言った人々は、どこへ行ってしまったのだろう？　いま、スペインで「フランコ」は禁句である。一体、何が、いつ変わったのだろう？

一九七六年、あるカンテのコンサートで、未知の青年が私の肩を抱いて言った。

「もうすぐだね」

「え？　何が？」と私はきいた。青年は、

「革命だよ！」

と叫んだ。

敗戦後の日本と同じだ。庶民は豹変《ひょうへん》す。今ごろあの青年は何を叫んでいるかしら？

マグロに鎮静剤

プラネタ賞作家のサンチェス・ドラゴオ氏は、

「世界に料理は二種類しかない。日本料理と、それ以外の料理だ」

と言う。それくらい日本料理が好きらしい。

マドリードにも日本料理店は十軒以上ある。そのうちの一軒で、カウンターの隣に座ったスペイン人の中年男二人組が、パクパクと実によく寿司を食べていた。二人が帰ってから板前さんにきくと、彼らは毎日のようにやって来て、今日は二人で八十個食べたが、少ない方だという。

「いつもは百二十ぐらい食べますよ。ワサビが丼一杯なくなります。今日は体調でも悪いのかな?」

スペインは、地中海や大西洋でとれるマグロを日本へ輸出しているほどだから、冷凍でないマグロが食べられる。とれたマグロは、海中に作った大きな網の囲いに放して、養っておく。畜養というそうだ。

「しかしそのエサが問題でしてね」

と、同席した魚の専門家氏がマグロの寿司をつまみながら言った。私もそれを食べながらきいている。

「マグロは何しろ走り回る魚だから、網にぶつかって傷ついたり死んだりしますよ。それじゃまずいんで、トランキライザーをまいて静かにさせるわけです」

「鎮静剤!?」

「そう。それにエサだって、例の狂牛病（牛海綿状脳症）の肉骨粉てのをまいている可能性もある。いや、あの問題はきっとマグロにまで来ますよ、すぐ」

私はさり気なくマグロをやめて、ウニにした。スペイン人はあまりウニを食べないが、南のカディスの人々は食べる。毎年ウニ祭というのがあって、針つきのカラを沢山積み上げて、開けたての身を道行く人にふるまう。その身は小さいが、おいしい。

北の海では大きいのがとれるので、日本料理店で食べられる。日本のようにミョウバンにつけたりしないから、ウホホッというくらいおいしい。

「それに、エサまいて畜養したマグロは、さわるとわかるんだよ」と、板前さんが口をはさんだ。

「何ていうかこう、肌がちょっと柔らかいんだね。本当の天然のやつは硬いよ」

「ふーん、なるほどねえ」

と私はうなった。

「しかし、よく脂ののった天然のマグロってのも、これまたちょっと柔らかいんだよ」

と、板前さんはまた言う。

「このごろ地球上じゃ人間の食べ物はみんなダメですよ。完全に安全なものなんかないですよ」

と、専門家氏が言う。

「ふーむ」

とまた私はうなったが、みんなダメ、と一般論を言われると、妙に安心して、私はまたマグロの中トロに手をのばした。鎮静剤が効いてきたらしい。

〝民族〟が出てくる時

遠州森町の山中、吉筋《よしすじ》恵治さんの窯で、私は自作のオブジェや器を焼いてもらった。私に技なんか無いが、土と火と吉筋さんが私を助けてくれたのである。

その仕事を一段落させて、いま飛行機に乗ってマドリードへ帰るところである。盛岡から博多まで新幹線で行くほどの時間であるが、座席が狭いのがつらい。エコノミークラスというやつで、じっとしていると死ぬかもしれないといわれている。

私は通路側がよかったのに、何故か「窓ぎわ席との御指定でしたので」とＪＡＬのカウンター嬢に言われて、渋々そこに座った。

隣は、身長二メートルはあろうかという黒人男性である。アフリカ人特有の白檀《びゃくだん》のような強い体臭である。白檀なら高価だからよろしいでしょう？　奥様。

私はメルヴィルの「白鯨」に出てくる銛《もり》打ちの〝異教徒〟、赤銅色の大男クィークェグを思い出した。そのむこうの席には武蔵丸のように大きな日本人だ。このままで十一時間！

飛行機が飛び立つと、閉塞感のせいか、とたんに私はシャンペンのびんを振ったような尿意に襲われた。上昇中だから通路へは出られない。やがて飲み物のワゴンがやって来ても、私は言い出しかねてモジモジしている。苦し紛れにトマトジュースをたのんで、しかも飲んでしまった。おつまみのピーナツを、体内で水分を吸収してくれるかと念じて食べた。汗をかけば尿がそちらに回るかと思って、セーターを着た。すると食事が来た。もうダメだ。絶対外に出られない。クィークェグ氏はラマダン中なのか、食事を断った。武蔵丸は食べている。私は汗だくで食べた。膀胱《ぼうこう》も一杯だが、頭の中も一杯だ。神田明神鬼子母神キリストアラーに仏陀まで呼んで祈りながら食べた。何たる苦行！

食器が下げられたので、やっと私はクィークェグ氏に頼んで通路に出してもらった。大男二人が通路に並んで私をお見送りの体である。わがシャンペンの栓はまさに抜かれんとしつつあった。よくぞ耐えた。私は、自分をほめてやりたいと思いました。

用をすまして、私は深いため息とともに廊下の広くなった所に立った。そこには座席はないが、自由があった。私は飲み放題に飲み物を飲み、再び尿意の来るのを楽しんだ。何度もトイレへ入り、長いこと居座り、また廊下へ出て立ちつくした。

スチュワーデスがけげんな思いを笑顔に替えて、「長旅ですわねえ」と言って去った。

二時間ほどそうしてから座席に戻った。クィークェグ氏も武蔵丸氏もすやすや寝ていたので、私はひじ掛けにとび乗って彼らをまたぎ、自席に戻った。何だ、簡単じゃないか。ホッとすると、隣人が〝異教徒〟に見えなくなった。

唐突に、「民族」なんてない、と私は思った。民族浄化。異民族。民族問題……。戦争の時にこそ「民族」が出てくる。それは戦争用語だ。〝異〟を強調したい時に、もっともらしい顔をして使うのである。野蛮な言葉である。

クィークェグ氏は上の方で静かな寝息を立てている。私の鼻はもう慣れて、体臭は感じない。平和になった。

本当のフラメンコ

日本人らしく、謙虚さを装って言わなかったことであるが、私は歌がうまい。自慢ではない。事実だ。

歌といってもカラオケやオペラではない、フラメンコの唄、カンテである。はじめて聞いたときから、何となく好きだった。土臭い、哀愁のある、どことなく東洋的な、あれらの悲しげな叫び。

スペインへ来た頃、随分あちこちのコンサートやリサイタルへ通ったものだが、どうも私の求めるイメージのカンテにめぐり合わなかった。ということは、まだろくに聞いたこともないくせに、カンテはかくあるべしというイメージだけははっきりとあったわけだ。妙である。

毎週土曜の深夜に開かれる、カンテ専門のライブハウスがマドリードにあった。裸電球の半地下の閉め切った室《へや》に、三、四十人が詰めかけて、前かがみに座って、カンテとギター一本の伴奏の〝語り〟にひたすら耳を傾けるのである。

よく日本から来る旅人が、「観光客の行かないフラメンコ」とか「地元の人が行くフラメンコ」とかを見たいと言うけれど、それがこれである。踊りは、ない。踊りはバイレといって、もともとカンテの付録であった（どんな踊りだって唄や曲が先だ）。それが商業的な発展を遂げて今日の「情熱の踊り」になったのである。東京の人が東京タワーに登らぬように、地元の人は、ほとんど踊りを見に行かない（もちろん例外はある）。

私は毎週のようにここへ出かけた。ある夜、おじいさんの唄い手が渋い喉を聞かせていた。客は唄い手とギタリストを囲むようにして、手にした足長杯のシェリー酒を静かに飲みながら聞くのである。しかし、おじいさんのすぐ背後に陣取った中年男三人が、わさわさ動いたり、くすくす笑ったり、アメ玉のセロファンをがさがさいわせたりして、いい年をしてどうもうるさい。暗くてよくわからないが、日に焼けたアクの強い顔付きと、いやにめかし込んだ背広とネクタイ姿から、ヒターノらしいと知れた。客達は迷惑そうににらんだりするのだが、三人はいっかなやめない。

ついに、おじいさんはたまりかねて、立ち上がって言った。

「えー、今こちらにアグヘタ一家の三人が来られていますので、少し唄って頂きましょう」

何だか訳のわからないのがスペインである。これら真ッ黒の与太者たちは、唄い手だったらしい。

おじいさんを押しのけるようにして、ゴッホ風のワラ編みの椅子に座ったのが、くすくす笑いっ放しの頬が大黒様みたいな小男だった。彼のカンテを聞いて、私はあんぐり口を開いた。こ、これこそ私の探していた、泥臭い、なつかしい、力一杯の、本物のカンテではないか！

芸は残酷である。人の好いおじいさんはもうどこへでも行くがいい。小男に続いて唄った二人も、それぞれに土臭く、力一杯の迫力と悲しみとで、私を、客達を、圧倒した。

この大黒様の小男と、のちに私は〝義兄弟〟のちぎりを交わすことになるのである。

マドリードのライブハウスで飛び入りで唄った、ヒターノたちは、私を驚喜させた。

こういう泥臭いカンテが、やっぱり、私の抱いていたイメージ通り、あったのだ！　私は思わず「オレー！」と叫び、シェリー酒のびんを持って小男の杯に一杯注いだ。彼は、「ふッふッふッ」と大黒様の笑いを笑い、おもむろに背広の内ポケットから彼のカンテの入ったカセットテープを取り出して、私にくれた。

そこには彼の名が、

「ホアン・デ・ロス・サントス＝エル・ゴルド・アグヘタ」

とあった。

「おまえは髪が黒い。おれたちヒターノと同じだ」と彼は言い、私たちは親しくなった。

後日、誘われるままに私は彼の家を訪ねた。


スペインという正方形の左下、アンダルシア地方のカディス県の、小さな漁村ロタ。

町はずれに広大な米軍基地があり、その鉄条網のすぐ脇の荒涼とした空き地に、サハラ砂漠より雨の少ない白茶けた陽光を浴びて、ホアンの住む市営アパート、白亜の五階建ては、鯨の骨のように立っていた。

最上階の住居に入ると、ホアンは私を迎えて、笑いながら自慢して言った。

「見ろやい。うちには何でもあるぞ。テーブルもイスもベッドもな」

その小さな４ＬＤＫのアパートに、ホアンは女房と十人の子供たちと住んでいたのである。

私のために十歳の長男が空けてくれた、くの字にしなうベッドに私は寝た。夜中、トイレの途中に他の室《へや》をのぞいてみると、ひとつのベッドに二、三人ずつの子供たちが、着のみ着のままで寝ていた。トイレには紙もなく、水も流れず、私は往生した。すぐ脇のバスにちょろちょろと浸《し》み出るような水を手でくんで、長い時間かかって、ことを終えた。みんなはどうしているのだろう、とつくづく不思議である。

ホアンは、そのアパートから十五分歩いた、サボテンとレタマ（連玉）ばかりの荒野の中の掘ッ立て小屋で、先祖代々のヒターノの業、鍛冶屋《かじ》をやっている。古来、カンテの名手たちは多く鍛冶屋か、馬喰《ばくろう》か、カゴ作りかのヒターノたちであった。

ベニヤ板やトタン板を打ちつけたその小屋の中で、彼は長男にふいごを回させて石炭を燃し、鉄を赤く熱して金床にのせ、ハンマーで打った。手の皮は厚く固く、私の足のかかとの皮のようである。

「ハンマーの握り方だけで、そいつが鍛冶屋かどうかが分かるぜ」

と、彼は自慢した。

貧しい漁師の小さな舟のイカリや、小作の農民たちが固く乾いたガルバンソ豆の畑をわびしくカリカリひっかくためのカマや、馬喰が使う馬蹄《ばてい》や牛蹄、年老いた大工が使う昔ながらのちょうつがい、キリストをはりつけにするための長い釘、などを彼は作っているのだった。

それらは鉄で重たいが、値段はごく軽いものである。

夏には、近くの畑でとれるトマトとソラ豆ばっかり食べている。たまに、大きなイワシを唐揚げにしたのや、鳥肉を食べる。安いものばかり食べている。もっとも、マドリードの私の家だって、彼らにいわせれば、いつも安い米ばかり食っている、というところであろう。

ホアンはいつも、彼の家での食事時間には、

「チアキ、沢山食え！　鳥食え、芋食え、パン食え！」

と叫ぶ。ありったけのものを放出する、という心意気である。しかし彼らの最も恥とするのは、人前でガツガツ食べることである。他人にごちそうされて、さあ食べなさい、と言われても、彼らは決して食べない。

「満腹で苦しい」

と言うのである。

そういうヒターノの習慣を知らない人は（もちろんスペイン人だって知りっこない）、「そうかい、じゃあ僕は食べるよ」と、遠慮する彼らの前で食べたりしてしまう。何と、残酷なことではないか。ヒターノは、いつだって空腹なのに。

人前で排泄行為をしないように、彼らは人前で食べない。

だから、私も彼らの家では多く食べない。子供たちがサロンの床やソファの隅（食卓はない）で、母親が適当にひと皿に小さく盛り上げたものを、投げやりに口に入れるのを見届けてから、同じように素早く、少量を食べるのである。そして、

「もっと食え！」

というホアンの叫び声に、うんざりしたような顔をして、

「もう十分だ！」

と叫び返すのが、私なりの礼儀であった。

しかし、その貧しい食事は、非常にうまいのである。すぐそこの大西洋でとれたイワシと、そのへんを走

り回るニワトリだからだ。同じ理由でトマトもソラ豆も、非常にうまい。

ある時、ホアンと息子と私とで、彼らの家の近く、見渡す限りのソラ豆畑の間の道を、唄いながら散歩していた。すれ違った農民に、

「よう！　元気かい。ソラ豆はどうだい」

とホアンは機嫌よく声をかけた。先方は、

「よう！　ホアン。もうちょっとだよお」

と答えて、立ち去った。抜けるような青空だった。
二、三日して、また三人で畑の中を唄いながら歩いた。ホアンは、
「そろそろソラ豆がいい頃だな。少しもらうか」

と言って、着ていたTシャツを脱ぐなり、上半身裸になって畑の中へ突入した。息子も続く。私は呆《あき》れて、立ち小便などをしながら待った。

やがて二人は、Tシャツというものはこんなにもふくらむものか、というぐらいのソラ豆を、それぞれ背負って笑いながら畑から出て来た。まるで大黒様だ。

もちろん、これは悪い事である。だから、私達は大急ぎで帰宅し、ゆでて家族全員で食べてしまった。こんなにうまいものは、ない。

友には惜しみなく

持っているものを全部、友だちのために放出する。これが真の友情であろう。

友を失いたくなかったら金を貸すな、などともっともらしく格言にして口ずさんでいる日本の諸賢は、ケチであるにすぎない。

私は、金は貸したくない。貸す金があるなら、あげる。金を人にあげるほどの喜びが他にあろうか。私は、常に人に金をあげたいが、常にそれが出来ないのは、私がケチなせいではなく、私に金がないからである。

ヒターノのホアンと私は、その点において全く同意見であった。

たまに、郷里のアンダルシアから彼が二、三人の兄弟と共にマドリードへ上京などしてくると、まず私のアトリエへ来る。前ぶれもなく、白昼、下の道から呼ぶのである。

「シアッキィイイ！」

バルコンから顔を出すと、うれしそうに笑った、真黒なツヤツヤ顔の彼らが、

「カモン！」

などと叫ぶ。小粋に英語で言ってみた訳だ。私の方が「カモン！」と言うと、ドヤドヤと上ってくる。隣人たちは眉をしかめて、階段の壁にへばりついてそれを見送る。何しろ、ヒターノはガラが悪い、騒々しい。日本人は、うさん臭い。

アトリエへ入って来ると、彼らはてんでにイスを探して座るが、イスはいくつもない。で、ダンボールを引っぱり出してゴザのように敷き、その上で皆ゴロリと横になったりする。

私は絵の仕事を中断されるが、折から飛んで来た野鳥にふと心を奪われて筆を休める雪舟のような気分である。

コーヒーをのんで退屈した野鳥たちは、やがてカンテ（フラメンコの唄）を口ずさむ。中年の兄弟同士が、

「へん、おれのを聞けや」

と、自慢するようにして次々と唄いつぐのである。私は彼らの唄が大好きであるから、これは誠に楽しい、刺激的な時間である。

ホアンの兄弟は、みな鍛冶屋だ。すぐ下の弟のマヌエルは、闇夜の狼のような顔をした大男で、総金歯である。字で書くと何ほどのこともないが、実際に眺める総金歯というのは異様である。当人はしごく満悦しているが、兄弟たちは呆れて何もいわない。彼はカンテ界では有名で、一族の出世頭である。兄弟たちを「労働者」とよぶ。

やがて、日が暮れてくると、私のアトリエには水とコーヒー以外何もないということを皆が思い出し、町へ出ようや、ということになる。

あちこちの、カンテ好きの主人のいるバルを、ゆうゆうめぐっては、酒を少しずつ飲む。

そこで私は、彼らに惜しみなくおごるのである。

「“民族”が出てくる時」

「本当のフラメンコ」

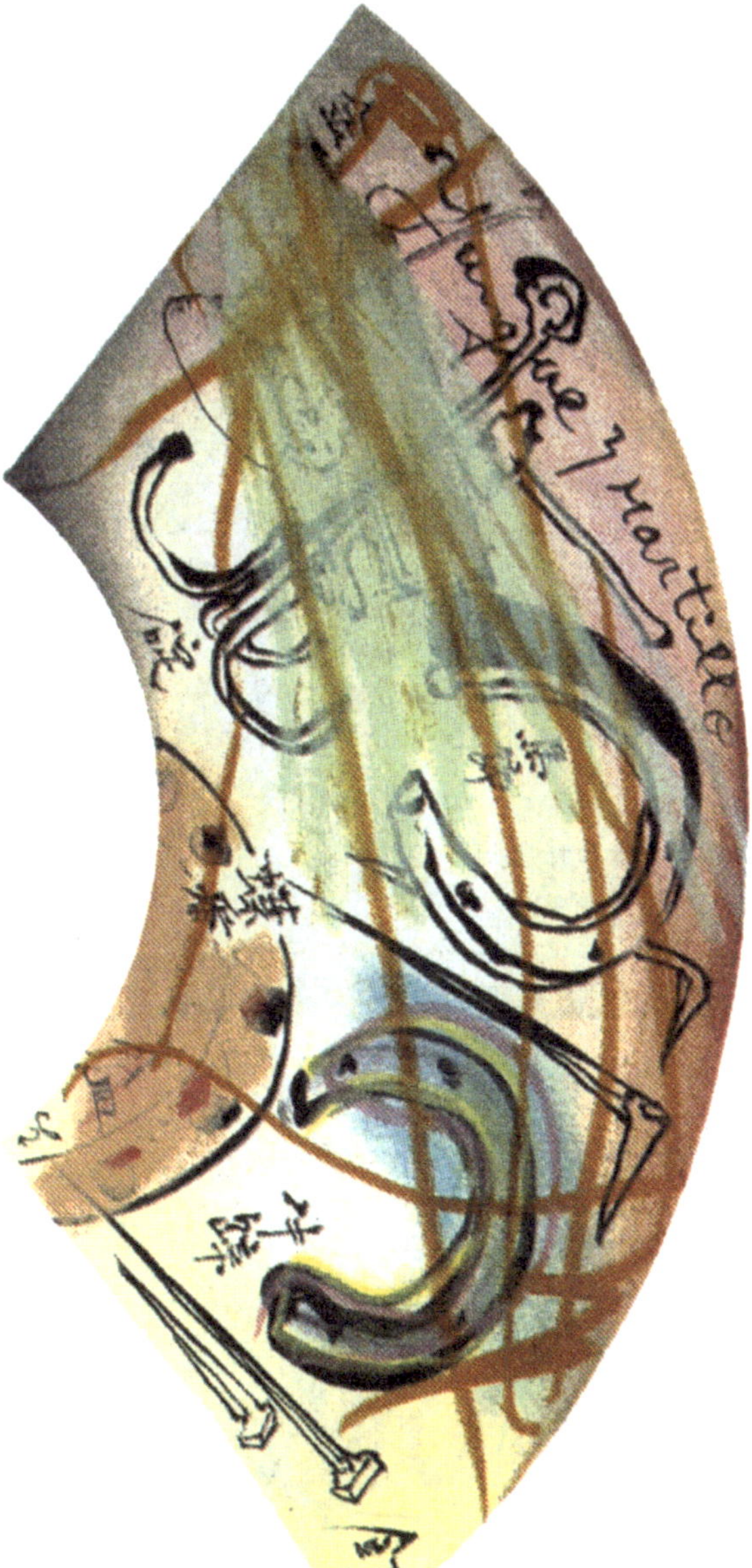

「本当のフラメンコ」

アグヘタ三兄弟
（「本当のフラメンコ」）

「全部おれの払いだ！」

と叫ぶ。が、大したことはない。二千円ほどだ。やがてポケットに金が失くなると、

「もうない！」

という。すると、彼らは少し唄う。主人や客が大喜びして、今度はそちらのおごりとなる。

名付け親になる

鍛冶屋でカンテの名手のホアンが、ある時、マドリードへ電話をよこした。

「へーい、娘が生まれた。パドリーノ（名付け親）になってくれえ」

「おめでとう。いいとも」

英語でいうところのゴッドファーザーである。そして、ホアンと私の関係は、コンパードレ（義兄弟）ということになる。ごく親しい、心を許したスペインの男同士が、こういう関係を結ぶのである。以後二人は、それまでのように「お前、君」ではなく、「あなた」と尊称で呼ばなくてはならない。スペイン語で、ウステ、という。アンダルシアなまりで、ウッテー、となる。

町角のバルで、浅黒いヒターノの伊達男が二人で、互いにウッテーなどと呼び合っているのは、なかなかに渋いながめである。

パドリーノは、その名付け子の洗礼式に出て、以後その記念日にはプレゼントなどを毎年贈り、実の父がもし死んだりしたら養育費なども出す……などとは、私はあとで聞かされたことである。日本のインテリらしく、私は淡交を心懸けてきた。なのに、名付け親だの義兄弟だのとは、また何と暑苦しいではないか。しかし、そもそもスペインへやって来てスペイン語で生活すること自体が暑苦しいのである。おまけに何よりも私は、彼のカンテを心から愛していた。

スペインの暗い裏庭パリ、にはラーメン屋がある（マドリードにはまだなかった）。買ったばかりのシルクのシャツとネクタイで私はラーメンをすすったので、あとで見ると沢山の汁の飛沫《ひまつ》がしみになっていた。そのパリ製のシャツとネクタイを取り出して、私はアンダルシアの漁村ロタへ向かった。

ホアンの家へ着くと、十人の子供たちは精一杯のおめかしをしていた。女の子たちはありったけの首飾りや金ぴかのあれこれを身にまとう。すると、彼らヒターノの遠い昔の故郷である、インドの女性たちのようになるのだった。

わあわあ騒ぎながら、静かな白亜の平屋が並ぶ町なかを、子供たちはみな裸足で教会へ向かった。

小さな教会の中を、子供たちは走り回る。老いた神父がハワイ風のシャツと半ズボンであらわれてどなった。

「こらァ！　静かにしねえと洗礼してやらねえぞ！」

ホアンがさらにどなった。

「ガキ共、静かにしろ！」

しばらくして、神父は白いかっぽう着のようなものを着てあらわれ、見違えるような上品な笑顔で私に言った。

「やあ、こちらがマドリードから来られたパドリーノですか。さあ、写真をどうぞ」

赤ん坊の頭に水をかけながら、こちらを向いて笑った。これが洗礼だ。終わると、

「では、パドリーノに御寄付をおねがい致しましょう、こちらへどうぞ」

私は、寄進帳の他の欄をちらり見て、その中で最高額を寄付した。千五百円だった。これで、私とホアンは、義兄弟となった。

この心意気を見よ

アンダルシアのガケの上の美しい町ロンダ。

メリメの小説『カルメン』には、このロンダ周辺の峨々《がが》たる岩山が、密輸人や盗賊の跳梁《ちょうりょう》する舞台として登場する。それは実際のことであったらしい。

そんな山賊気質（金持ちの馬車を襲って金品を奪い、村の貧しい者たちにふるまうという）が今に残っているのかもしれないが、ちょっと不思議なことがある。

たとえば小さなバルで、おつりの小銭を二十ペセタ（二十円ほど）くれるべきところ、白髪の老主人なんぞが、ニコリともせず、カウンターの上にピシャリと音をたてて、二十五ペセタ玉をひとつ、よこすのである。

かつて、いかにも日本のインテリらしく、ケチで小心であった私は、しめた、もうかった！　と心中深くつぶやいて、足早に店を出たりしたものだ。

だんだん分かってきたことには、別に老主人はもうろくしておつりを余分によこしたのではない。まず、端数をこまごま勘定するのが面倒なのである。そしてその面倒を、五ペセタの十字架として自ら背負う、という心意気なのである。

これぞ、真の気っぷの良さではないか。

わが人生は金に左右されるものではない！　しみったれた節約の日々を、おれは受け入れるものではない！　と確認するには、常に多少のヤセ我慢と自己放棄が必要なのだ。貧乏生活には欠かすことの出来ぬ〝パフォーマンス〟であり、気合いである。

値段は五十、百円程度なのに、四、五円を客にやってしまうという心意気を、深く私は愛する。

何？　ケチな心意気ですと？

じゃ、一円が足りなければ、パンひとつ売らない日本人のケチ臭さはどうだ？　その、一見日本の美風とみえる潔癖さと正確さは、本当は弱い者いじめが習慣化したものだ。見たまえ。一円たりとも容赦しない消費税を、権力を持つ強者である政治家や役人は、何とどんぶり勘定で使うではないか。弱い者である庶民だけが、消費税五円でござい、四円じゃ売れません、と互いにいじめ合っているのである。

一円の不足でパンを売らない商店主よ、あなたは税務署の手先なのか。「あッ、一円足らない！」という客、いや、五円足りない客にさえ、「いいですよ」と、ヤセ我慢の気っぷを示したまえ。気っぷに景気も不景気もない。

私が二十数年前、はじめておつりを余分によこされてびっくりした「バル・オリーバ」は、誰にでもおつりはどんぶり勘定で多くよこした。あるいは、シェリー酒の二杯目が、頼まぬのにカウンターに置かれた。いつもという訳ではない。白髪の主人フェルナンドの気まぐれに。が、「バル・オリーバ」はもうない。惜しまれつつ閉店した。フェルナンドが引退し、借家を大家に返したからだ。

だが、フェルナンドのバルだけではない。ロンダのバルならどこでも、同じようなことが起こる。あなたがちまちまと小銭を勘定したり、同行の人と割り勘の計算などをしていると、ピシャリ！　と音がして、身に覚えのない沢山の釣り銭がカウンターに置かれるであろう。

アブサンの夜

アブサンを飲む女、という絵が、ピカソにも、ロートレックにもドガにもあったように記憶している。アブサンは、あんまり強すぎるので売るのは禁止になったと聞いた。マドリードの下町にそれを飲ませる店があるからと誰かが言うので、私と義兄弟のホアンと従弟のミゲルを含む数人で行ったことがある。

小さな足付きグラスで出てきたそれは、うすい緑色をした、実に強烈なアルコールだった。

皆でふざけながら飲んだ。ミゲルは、ホアンに「おいおい、あれを見ろ」とよそを向かせているすきに、そっと別の手で、ホアンのグラスにアブサンを注ぎ足した。

もともと酒に弱いホアンは、二口三口なめるうちにすっかり酔って、ゲラゲラ笑い出した。ミゲルが注ぎ足すのに気づかずに、

「あんれェ、ヒッヒッヒッ、いくら飲んでも減らねえな」

と、また笑うのである、一同それをみて、ゲラゲラ笑いが止まらなくなった。もとより皆も飲んでいる。完全に足腰のたたぬままなおも笑っているホアンを、皆でよろよろとかつぐようにして歩き、ホアンとミ

ゲルを安宿に押し込んだ。

翌日、昼すぎに宿を訪ねると、二人ともベッドでゴロゴロしている。

「ゆんべは参ったなあ。ふり返るたびに酒がふえてるんだからよ」

とホアンは笑いながら言い、急に、

「おれは、むかしのことを思い出した」

と言った。彼らは読み書きができない。思い出すことを、格別の脈絡もなく述べることがある。読み書きができないというのはしかし、〝無知蒙昧《もうまい》〟のことではない。釈迦もキリストも、読み書きすることまことに少なかったはずだ。これは自分の目で見、自分の頭で考えるという、本来の文化の形なのだ。

「むかし、おれがサラゴーサへ行ってある安宿へ泊まったときのことだ。夜中に宿へ戻って扉を開けると、パッと〝影〟が飛び立って外へ出て行った。おれはこわくなった。ああ、こわいこわい、とすぐベッドへ入って寝ようとした。すると、そこへ宿の親爺《おやじ》がトントン戸をたたいて、室《へや》へ入って来て言うんだ。ああ、あんた帰って来たのかい、ずい分遅かったな。ところで、あんたの寝てるそのベッドで、こないだ客が死んだんだよ。ちくしょうめ、何だって親爺は夜中に出て来てそんなことを言うんだ。おらァこわくて、そのままそこで横になったまま、一睡も出来なかったぜ」

「しかし、おめえはまたよくそんなベッドに横になっていられたもんだな」

と、私とミゲルはまたゲラゲラ笑った。

「でも、何でまた親爺はあんなことを言ったんだろう?」

ホアンは真顔で考え始めた。

「全部嘘」

私の座右の銘は、「全部嘘」である。

アンダルシアの美しい町ロンダの薬屋の親爺《おやじ》、トバーロのおっさんは、昼間からバルでブドウ酒を飲みながら、背後に流れるテレビのコマーシャルに向かって、時折くるりとふりむいてはどなるのだった。

「嘘だ！」

はたから見ればただの酔っ払いかもしれないが、ちがう。彼は、不世出の天才ディエゴ・デル・ガストール老人のギター（これを聞いたことのない諸賢は、バッハを聞いたことのない人同様、不幸である）伴奏でカンテを唄った。時折バイクの音や犬の声の入ったその私家版テープを聞いて以来、私は彼を信用している。彼は何度も叫ぶ。

「メンティーラ（嘘だ）！」

私の義兄弟ホアンの父、老アグヘタは伝説的な唄の名人だった。本業はホアンと同じ、ヒターノ代々の鍛冶屋である。

老アグヘタが、いよいよ自分の死期を悟ったある日、仲の良かった友人を枕元に呼んで言った。

「ようペペ、おめえには長い間いろいろと世話になったなあ。おれもいよいよもうだめだ。長い友情のしるしに、ひとつ言っておきたいことがある。おれはおめえにいろいろと、カンテの歴史だの、ヒターノの言い伝えだのを教えたっけなあ。ペペ、あれは全部、嘘だよ」

ホアンをはじめとする息子たちが、この父の最期を思い出すときは、みな「オレー！」と叫んでゲラゲラ笑うのである。

老アグヘタのカンテを愛し、尊敬し、もろもろの物質的援助をもおしまなかったペペの厚意にむくいんがために、おそらく老アグヘタはいろいろと面白そうなこと、カンテの興趣がより一層深まりそうなこと、などを一生懸命考えて、ペペに語ってきたに違いない。ペペはそれを信じて、あれこれ想いつつ、老アグヘタのカンテを聞いてきたのであろう。

それが、全部嘘、と知った時のペペは、収集品が全部ニセ物と分かったコレクターのような気分だったろうか。それとも長編小説を読み終えた読者のようだったろうか。とまれ、そんな一瞬の価値の大転換を、ヒターノたちはよろこぶのである。

禅における大悟のように、それはまさにアートな瞬間なのだ。

同じ様な感動を、私は以前経験した。

何十年も日本社会党は護憲と自衛隊違憲をかかげてやって来たのに、党首村山富市は、はずみで首相になったとたん、自衛隊は合憲だよ、と言ったのである。

全部嘘。アートな一瞬であった。あれ以来、政治がでたらめでも日本人は怒らぬようになった。

老アグヘタを首相にする馬鹿はスペインにはいない。が、全日本人は村山富市を首相にした馬鹿である。

私は知らない。スペインにいたので、選挙権は奪われていたからである。

衝動買いで骨折り損

アンダルシアの漁村ロタ。

酒場で、私は義兄弟のホアンと夕方の一杯をやっているところだった。そこへホアンの顔見知りの誰やらがやって来て、

「車を買わねえか」

と言った。ホアンは、

「ペッ。チアキ、車だってよ」

と笑った。私は酔いの勢いで、

「いくらだ?」

ときいた。誰やらは、

「四千ペセタ（四千円位）だ。ちゃんと書類もついている」

と言った。安い！　でもいらない。なのにホアンは、「どれ、書類を見せてみな」と言った。誰やらは真顔

になって、ポケットから書類を取り出して説明をはじめた。つまり、これは盗車なんかじゃない、正当な車である、と。

「動くのかえ?」

とホアンがきいた。

「当たりめえだあ。動かねえ車を売るかよお。いや、もっとも今ガソリン入ってねえから、入れなきゃダメだ」

ホアンはお人好のヒターノだ。四千のお買い得車が欲しくなった。

「ふん。チアキ、四千もってるか?」

「持ってるよ」

「こいつに払えや。車を買おう」

真の義兄弟の姿である。所有に見境がない。私たちは金を払い、書類と車をもらった。ガソリンが入っていないので、スタンドまで押して行かねばならぬ。酒どころじゃなくなった。

押し始めてわかったが、えらく重いボロ車である。二人で大汗をかいて、町はずれのガソリンスタンドまで押して行くと、はたして休みであった。

「おっふう!」

とホアンは嘆いた。別のスタンドへ行かねばならぬ。酔いはとっくにさめてしまった。また押し始めたら、むこうからホアンの五男(十歳)が来た。裸足である。彼も加わって、なおも押す。

汗をぬぐうために一旦止めたら、そこは真ッ暗な墓場の前だった。

「おっふう、墓場だぜ」

とホアンが十字を切った。息子も切った。私は別に切らなかったけど。

「車を押すより、ガソリンの方を買ってきちゃどうだい、義兄弟」

と私は言った。

「おれもまさにそう思ってたところよ」

とホアンは言い、

「しかし、おれはもうこの車が欲しくなくなった。弟のディエゴに売ろう」

今度は、ディエゴの家に向けて車を押した。それは町の反対のはずれにある。

ディエゴは、幸いにして在宅であった。

「この車を買わねえか、ディエゴ」

とホアンは、汗をふきながら、息をはずませて言った。

「いくらだ」

「一万二千」

ディエゴは、ヘッヘッヘッと笑いながら車のまわりをひと巡りし、タイヤをけとばしながら言った。

「これなら、ま、四千だな。古タイヤ四本分」

「売った！」

とホアンが叫んだ。私から力が抜けた。

アントニオ少年のこと

アントニオは、父に似て背がひょろ高く、神経質で自信なげな十四、五歳の少年だった。

ヒターノのフラメンコ唄いの父に連れられて、時々アンダルシアからマドリードへ上京して来た。

私の家で食事をしていると、アントニオは、

「あのォ、この家って、トイレあるよね」

ときいた。

「あたりめえだ」

と父が答え、私は「廊下を曲がって二ツ目の扉だよ」と教えた。彼は、トイレへ行くのが恥ずかしかったのである。

食事を終えて、マドリードの町をぶらぶら散歩していると、アントニオが言った。

「おらァ、もうマドリードなんて怖くねえぞ。何度も来てるから、ほら、もう怖くねえや」

それまでは怖かったのかと思って、私は驚いた。

「友には惜しみなく」

「名付け親になる」

「この心意気を見よ」

「アブサンの夜」

「『全部嘘』」

「衝動買いで骨折り損」

「アントニオ少年のこと」

「クリスマスは怖ろしい」

乾燥してペンペン草も生えない田舎町のはずれのゴミ捨て場のわきの白い小屋に住んでいる孤独な家族である。無理もない。学校へも行っていないのである。

父がアントニオに言った。

「ほら、ここに二十五ペセタ玉が一個ある。そこの売店でバラ売りのタバコ三本買って来い。走れ！」

アントニオは走り出し、途中でバタバタと引き返して来た。

「オパー（父ちゃん）！　本当にこれで三本買えるんだろうな。もし間違ってたらみっともねえぜ」

タバコは一本八ペセタである。父は指を折って検算している。私は数字が出てくるとトラウマで目の前に白いカーテンがゆれている。二十五割る八は……

「大丈夫だ！　走れ！」

と父が叫んだ。

「そう、一ペセタの釣りだ！」

とやっと私はアントニオの背中に向かって叫んだ。

父とはよく会うのだったが、アントニオにはその後しばらく会わなかった。

ある時、アンダルシアの父を訪ねると、いま丁度刑務所に面会に行くところだから一緒に来い、という。

アントニオが大麻売買のカドで服役しているという。何と！

「ヒターノは奴らにいつも目をつけられているんだ。だから大麻の夕の字もさわっちゃいけねえんだ。アントニオは、はめられたのよ」

畑の中の刑務所へ行った。

厚いガラスの向うに、悲しそうにふてくされたアントニオが現れた。もう青年になっていた。私を見て少し笑った。

「オパー！　弁護士の誰それに話してくれよ。今の奴は全然ダメだよ」

父は、

「ちくしょう！」

と叫んで、仕切りのガラスを思いきりドンッとこぶしでたたいた。刑務官は誰も出て来なかった。

大麻の個人消費は合法なのに、アントニオはそのほんの少量の売買で、結局十二年間も刑務所にいたのである。

いま、アントニオ・アグヘタは出所して、ＣＤを出した。父ゆずりの独特の古風なカンテを唄って、比類がない。

クリスマスは怖ろしい

スペイン北西部の〝地の果て岬〟（フィニステレ）沖でタンカーが沈没し、原油が海岸を汚染した。千人程のボランティアが、連日、漁民を助けて油除去の作業をしている。

彼らを打つ、雨。

スペインの冬の雨ほどいやなものはない。冷たい。固い。黒い。乾かない。流出原油のような悪意。人々は不機嫌になる。

マドリードの町で行き合った、旧知のペドロ老人は、いつものように優雅な仕草で革手袋をとって私と握手をしたのち、突然ひげをふるわせて叫んだ。

「何がクリスマスだ！　もう沢山だ！　エゴイスト共が！　デパートで買い物にたかる奴ら！　手をつないで歩く男女！　そこのお巡り！　皆エゴイストだ！　何が消費者だ！　わしは疲れた。金がない。そう、わしは疲れたんだ。……失礼。会えてうれしかったよ。じゃ又」

その目の色の異様さにおされて、私は、オーバーも着ない伊達なセーター姿で遠くを見つめたまま歩み去る老人を、茫然と見送った。クリスマスは恐ろしい。

まさしく、スペインの庶民は黒い背中を芋のように丸めて、イルミネーション輝くデパートに、黙々と殺到している。老ペドロの言うとおり、エゴイズムの沸騰である。

キリストの誕生日だそうだ。

全世界が同じ日々に、同じような狂奔の中にいるではないか。これは無意識の全体主義である。人類は、本当は、面倒臭い民主主義なんかより、こっちの方が好きなんじゃないか？　国をあげて戦争へ盛り上がって意気揚々たるアメリカを見よ。

暴走する野ネズミの群れのように、走り出したヨーロッパと日本を見よ。

みんなクリスマスだ。みんな正月だ。なだれをうつのは人類の本能かもしれない。皆行きなせえ。でも、私はいやだ。皆と一緒、全部同じ、というのがいやだ。だから、野球もサッカーもクリスマスも正月も美人も、私は嫌いだ。


死んだ大家のマリア婆さんの麻薬息子が、電話をしてきた。四つあるアパートに店子《たなこ》が私しかおらず、金がないという。

「五十ユーロ（七千円位）ないか？　クリスマスなのに文無しなんだ」

こいつもクリスマスだ。

「ないね。家賃は送ったばかりだ。死んだママが心配するぜ。本当に優しくてすばらしいママだったよなあ」

「ヒッ……あとで電話する」

泣かせてやった。正月まで泣いてろ。マザコン坊や。

「全世界が拉致問題を見守っていますから、北朝鮮もうかつな事は出来ないはずです」と日本のテレビは言う。嘘だ。スペインのテレビも新聞も、この問題を何も報じてはいない。たのみの「全世界」は何も知らないのだ。常に善意の誰かが見守っていてくれると信じて立ちつくす、こちらもマザコン坊や、日本よ。

スペインのテレビは、イラク、パレスチナ、ケニア、アルゼンチン……に忙しい。

日本のテレビは、死体の映らない海外トピックスとバラエティと野球に忙しい。

スペインは雨の中。日本は井戸の中。

——皆さん、お元気で！

人の上は空である。

アントニオ君

アントニオ君が憧れの日本にはじめて来た。

グレゴリオ聖歌をよくし、モンゴルのホーミーをやり、アボリジニのディディリドゥとかいう長筒を鳴らし、このたびはイギリスの奨学金をもらって、尺八の勉強に来た。二十八歳のスペイン青年である。

私は彼と、以前マドリードのカーネギーホールといわれるアルベニス劇場で共演（私はカンテ）したことがある。それは自慢話となってしまうので、また今度ゆっくり。

東京・銀座のソニービル前で会おう、と電話で言うと、ちゃんと一人でやって来た。下宿はすでにナカノサカウーエ（中野坂上）に決めてあるという。なかなかの自立心である。さすが国際人だ。スペイン人から見れば、日本人だって国際人なはずだが、日本の若者にはなかなかこういう手際の良い人はいない。

鰻で日本の洗礼をしてやろうと思って鰻屋へ行ったら行列していたのでやめ、安そうな寿司屋へ入った。安くて回転しない店は少ないが、探した。彼は、

「スシ！　スシ！　本物本物」

と大喜びした。

歩いて皇居の方へ行った。アントニオ君は、広場の松を見て、これは人工的な形か、自然の形か、と問う。なるほど、スペインの松はひょろりと高く、上の方にだけ葉が茂る。これは自然だよ、というと、じっと佇んで眺めている。そういえばこれは浮世絵の松と同じだ。「そうか、これが松かあ」と彼は

唸った。

「このむこうに天皇が住んでるんだよ」

　と私は言った。

「ああ、あの幽閉のマサーコ姫がいるところか」とアントニオ君は言う。スペインではそういう呼ばれ方をしている。私が言うのではない。またアントニオ君が言う。

「彼女は何故幽閉されているんだ？　スペインの王様たちは宮殿から自由に出たり入ったりしているぞ」

「さあね。半分神様だからだろう」

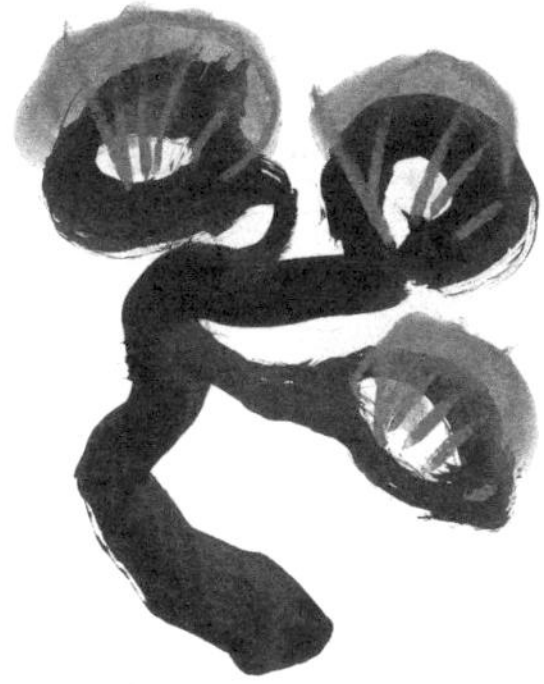

「神様⁉　ヒロイートはマッカーサーの前で、私は神様をやめました、と宣言したはずだぞ」

「よく知ってるなあ。でも日本人はまだ半分神様だと思ってるよ。そいつらに聞いてみな」

　若者らがテニスをしている。アントニオ君は彼らをじっと眺め、「まさか」と呟いた。

　東京・日比谷公園の中に、小さな日本庭園がある。すぐ外側には大通りが走って騒々しいのだが、アントニオ君は、これを見て、「おお！」と叫んだ。憧れの、本物の、日本庭園！

　水辺の大石の上に彼は佇んだ。

「チアキ！　ぼくは驚くよ。きのうはスペインだったんだぜ。それが今、本物の日本にいるんだ！」

　若い彼の興奮は、そのまま三十年前の私のものであった。

「ああ尺八吹きたい！　ここで吹いたら、どんなにかいいだろう！」

「アントニオ、本当の庭はこんなもんじゃねえよ、

ケッケッ」

私は、わざとせせら笑って、日本のもっと奥深いことを暗示した。

庭から彼を引き出して、すぐ裏の帝国ホテルに、冷房を味わうために入って通過した。このホテルがどんなに威張っても、スペインの老舗ホテルの格調にはかなわないので、アントニオ君は静かだった。そのロビーは私たち同様、冷房を味わう人々でごった返していた。

新橋のガード下の、野外カフェ式のヤキトリ屋に入った、と思ったらそこは中華料理屋だった。今日は純日本を、と思っていたのだがままよ、ここは日本だ。何料理だっていいや。

「乾杯！　ようこそ日本へ！　わはは」

「チアキ、やっと来れたよ。わははは！　でも今回の奨学金は三カ月だけなんだ。短いよ。でも尺八の先生も見つけたし、しばらく東京でやるよ」

「ふむ。アントニオ、日本は何といっても京都だ。君は京都へ行かなくちゃならん。京都は全部庭だ。全部だ。庭の中に人が生活している。人々は千年の知恵を持ってる。スペインは五百年だろ。京都は千年だ。おれたち人間は六十億年だけどな、わはは」

「あッはっはっは！　ビバ・キョート！」

「明日行け。とにかく行け」

「えッ明日かい？　明日いくのかい。うーん奨学金が少なくて大変なんだ」

「じゃほら一万円やるから、とにかく行けや」

アントニオ君を、日本の本場、京都へ送り込むにおいては下敷きがあった。

版画家の井田照一さんに前もって頼んでおいたの

である。

井田さんとは随分前にマドリードで知り合った。アートフェアーの御自分のブースで、机上一面にビールの缶を並べていた。それはしかしオブジェ作品ではなく、すでに飲み干した空き缶であった。初対面の井田さんに「シェリー酒のうまいやつ飲みにいきませんか」と誘うと、この怪人はのこのこついてきた。

金閣寺裏の井田邸で御自作の、世にも渋い生ハムを御馳走になりながら、パートナーのときさんから耳寄りな話を聞いた。

「そのアントニオさんいう人、そんなに声明《しょうみょう》が聴きたいねやったら、いついつに声明の会があるさかい来はったらよろしわ」

千年の都京都で、こういうセリフを聞いたら、それは大変に重要なことだと私は感じるのである。百年の都東京で同じセリフを聞いて出かけたら、しょぼい親睦会だったりするのである。

声明を聴きたい、出来たら声明も習いたい、とこの天才青年は前から騒いでいた。で、このニュースを伝え、すぐに行かせたのである。深夜バス代往復一万円を私は彼にあげた。真の国際貢献である。

アントニオ君が京都から帰ってのちに語る。

「京都！　信じられない！　全部がアートだ！　庭だ！　アートの中にぼくがいるんだ！」

「だから前におれがそう言ったろ」

「アハハ。早朝に着いたから、すぐチアキにきいた東本願寺に行ったんだ。すぐ尺八さ。朝もやの中で何時間ふいたと思う？　四時間さ。あっという間だ。鴨川や明暗寺でもふいたよ。もう、あちこちでふいた。京都はすごい！　ああ京都！　ああ、ぼくが今東京にいるなんて。中野坂上にいるなんて。とほほ」

中野坂上の方々にはまことに相すみません。

結局彼は井田邸に四、五日も居候になり、声明の会は、リーダーの僧が急逝したため中止になったもののの、アントニオ君は存分に京都の何たるか、を味わって来たのである。

京都の何たるか。それはしかし、われわれ日本人こそ見誤っており、見損なっている。

醜い建築

世界で一番醜い建築は、京都駅ビルである。世界で一番、と断言するにはばからない。

雑にでかいだけの空間、無神経な威圧感、怖ろしいまでの空虚感。ここは砂漠じゃない、京都だ。

京都は、世界で最も古い、現存する都市のひとつである。千年以上も前から、同じ場所で、しかも繁栄している美しい都市なんて、そうざらにはない。

私は東京生まれであるが〝国際人〟なので、ガイジンの目で割と平等冷静、かつ愉快に日本各地を味わうのである。すると、京都は私にまるで外国に映るのだ。

有名な「ぶぶづけ」の話（ぶぶづけでも一杯どうぞ、と言われて上がり込むとあとで馬鹿にされる）のような、屈折屈曲したテーマにはこと欠かないのみならず、その奥には千年の庶民やら貴族やらの得体の知れない知恵と習慣と差別とが潜んでいて、まるで火星の都市に居るようなのだ。それがいやというんじゃない、もうニコニコしたくなるほどに、私ども国際人には最高に面白いのだ。それが私の国だなんて！

寺院、庭、町並み、人々、どれをとっても、もしこれらが日本に失われたら、日本文化なんてどこにもない！　という実感が、私にはするのである。

京風、という。じゃほかに何風があるのか？　日本には、京都に対抗できる所はない。

日本の台所、日本の胃袋、日本の大動脈、等々いろいろあるが、ま、仮に脳みそは東京にあるとしても、心臓は京都である。脈々と日本文化の源流でありつづけている。

大仰な！　というあなたは、今どこにいますか。頭の中だけでものを言うてはなりません。これは京都へ行く度に実感する事実です。

そんな地上の宝の京都の玄関の駅ビルがこの有様だ。

かつて敵国アメリカでさえ爆撃を遠慮した京都の美を、日本の無神経、権力的な建築家が破壊した。

先頃、「ＡＥＲＡ（アエラ）」誌（二〇〇五年五月二十三日号）の梅原猛氏の書いた記事を読んで、ＪＲ西日本とこの建築家との出来レース、癒着を知ってあ然とした。
醜いのは姿だけでない、全てだったのだ。だから、見るだに悪臭がするのである。今も。常に。存在する限り。

世界で一番醜い建築は、京都駅ビルである。じゃ二番目は？　それはセビージャ（セビリア）のマエストランサ劇場である。

一九九二年に、スペインは例によって（！）頭が狂い、万博とオリンピックを一緒にやってしまった。盆と正月が一緒に来たのである。何というドン・キホーテ！　おまけにそれを新大陸発見五百年祭というのにくっつけて、大騒ぎした。

一方南米の方では、われわれは発見されたのではない、むしろ民族大虐殺五百年である、といって騒いだ。当然であろう。が何しろ五百年も前のことなので、スペイン人はケロリとしていた。

つい六十年前なのに、アメリカ人は日本に原爆を落としてもケロリとしているし、日本人は朝鮮半島や中国大陸でしたあれこれをケロリとしているのであるから、五百年前の大虐殺にケロリはまあ当然なのである。

人類はケロリとするものらしい。隣人の歯痛を、私は痛くない。去年の虫歯は今年は痛まない。では、恥はどうなのだろう。

セビージャは、京都と並んで世界一美しい都会である。セビージャの人々は、

「アイ！　セビージャ！　死ぬ程までに！」

と言って、故郷を思い出すとき、感にたえたように首を横に振り、嘆息をもらす。そしてセビージャの美はまさに、それにふさわしいのだ。

私は京都の人々にも、よその土地でそれをして欲しい。京都は、ほかのどことも違うのだ。日本の魂である。心臓である。

「ああ！　京都に死す！」とか、「誰が何といおうと、日本の首都は京都どす！」とか、言って欲しいのだ。

グアダルキビール川をはさんで、かたや美しきトリアーナ、こなた麗しのセビージャ、と唄われるそのセビージャ岸に、ドラム缶のような無表情で無粋な建物が件《くだん》の醜い劇場である。隣の古い闘牛場も円形だが、その可憐な美はどうだ。

セビージャ万博を期して、大至急建てたこの劇場も、目に見える姿の醜さと同時に、京都駅のように何やら悪い臭いがする。むろん私の実感にすぎないが、この第六感を鍛えたおかげで私のスペイン生活は無事なのである。

痛みは終わればケロリとするが、悪臭は終わらない。恥も終らない。

国破れて山河なし

この夏はあんまり暑かったので、雪のことを思い出そう。

昨冬はマドリードによく雪が降った。珍しい。

師走の雪の夕方、盛り場のデパートの脇に、みすぼらしいジャンパー姿の初老が四人並んだ。それぞれに楽器をとり出し、ビバルディの「四季」を弾き出した。弦楽四重奏である。

通行人の私は横目で眺めていたのだが、一聴耳を疑った。ゾッとするくらい素晴らしい。よく大道で奏でられる音楽のレベルではない。たちまちにして黒山の人だかりとなり、彼らの前に置かれたバイオリンケースの中には、小銭やお札までがどんどん投入されていった。

彼らは、すぐそれと分かる、ロシア人である。

このごろスペインには、崩壊したロシアから沢山の人々、そして音楽家が流れて来ているという。スペイン北部のオビエドという市には、もともとオーケストラがあったが、どういう縁でかロシアの音楽家が沢山入ってきて、それが皆ものすごく上手いので困ってしまった。市民にしてみれば、上手い方がいいに決まっているが、それが沢山いるとなると、たちまちおらが町の楽団が見劣りしてしまう訳だ。楽団員にしてからが、自分たちよりはるかに高レベルの演奏家たちに定住されたら、飯の食いあげだろう。

今のところ、かくして、オビエドには三つのオーケストラが存在することになった。従来のオーケストラ、ロシア人だけのオーケストラ、半分半分のオーケストラ。

それぞれが円満に活動して、皆笑って御飯を頂いてるのかどうかは知らないけれど、小さな町なのに文化の高いことではある。

それにしても、この横なぐりの雪の中での演奏は素晴らしい。涙が出てきた。

彼らほどの腕前の演奏家にしてさえも、こうしてマッチ売りの少女のように、師走の吹雪の中を演奏せねばならぬこととは一体何だろう?

「国破れて山河あり」というが、本当だろうか。国破れた彼らは、国の山河にいられなくて出て来たのである。彼らに山河はない。

演奏のあと、私は大盤振るまいの2ユーロ玉をバイオリンケースに投げ入れて、歩き出したのだったが、私の涙はそういう人事とは関係がない。単に演奏が素晴らしかったのだ。しかし、演奏が素晴らしいということと、山河なき切迫した悲しみとは、大いに関係があるかもしれない。

全部国宝!

夏の間、私は蝉のようにして、埼玉県・神泉村《かみいずみ》の山中に鳴きくらしているのである。泣いている訳じゃない。が、ジーッと唸っているような気がする。暑いからだ。

話は二年前（二〇〇三年）にさかのぼる。二年前と今とどう違うのかわからないが、そのころ、私は電気も通わぬ山の中に焼き物の穴窯を作り始めた。

以前ためしに友人の窯で焼いた粘土細工が、余りに素晴らしい化石のようになって窯から出てきたのに感動したからである。そのまま友人の窯を利用したいと思ったが、それは学校の施設なので、おまえのために年に何回も焼く訳にはいかないと意地悪を言われたので、いっそ自分で作ってしまおうと思ったのである。

そんなもん一人で出来っこないぞ、と友人縁者は周囲ではやし立てたが、私は水陸両用、水と油同化術とでもいいたい仙術を心得ている身の上である。神泉村の浅見和夫さんという先見的な地主をたらし込んで山ひとつ提供してもらい、都会の道を歩く若者たちにいいようなことを言って手伝いに来てもらった。すると私は左うちわで、ゴム長靴をはいて週末毎にムードを出しているだけで、ちょうど一年で穴窯が出来てしまった。出来てみると、和夫さんの方でもうまく閑人《ひまじん》をたらし込んで窯が出来た、と喜んでいるのが分かった。互いに皆喜べばこんなにいいことはない。

窯を作ったなどと偉そうなことを言っているが、私は実に飯も炊けない殿下であって、万事は若い衆がやってくれるのである。今はビッグバン以来宇宙が膨張している時代なので私が年長であるが、今にそれが逆転して収縮宇宙となったら、彼らが年長となり、私が彼らを助ける立場になるわけだから、お互い様だ。長い目で見てもらいたい。

穴窯というのは、斜面に穴を掘って作る。なかなかどうして重労働であって、私たちはそれを充分に楽しんだ。計画とか予定とかは私の辞書にないので、休みたくなれば休むし、スペインへ戻りたくなったら戻ったりしていた。私がいない間若者らは薪割りをしてくれたので、薪の蓄えは随分出来た。薪は山から間伐材が沢山出るのだ。

初めてのくせに自信たっぷりで三日三晩焼いてみると、果たして素晴らしいものが出来た。今まで計三回焼いたが、全部凄い出来だ。全部国宝！　と私は叫んだ。

神泉村流縁起

全部国宝！　の〝千秋窯〟であるが、作業をタダで手伝ってくれる若者たちの一人に、ふゆちゃんがいた。お父さんが茶道の小堀遠州流十六代宗家の宗圓氏だという。

「今度お父さんにおれの国宝でお茶を点《た》ててみて欲しいなあ」

と私はふゆちゃんに頼んだ。自作の茶碗らしき形をした粘土細工をさして国宝と呼ぶ馬鹿、と諸賢はお笑いになるかもしれないが、それは四百年後ということを想像出来ないから、笑うのである。

本阿弥光悦は、鷹ケ峰山中に住み、知り合いの楽焼の楽さんの家から粘土をもらい、それをひねくった後、また楽さんに焼いてもらい、出来たものは人にくれてやったりしていたが、果たして四百年後の今日「国宝」である。

ゴッホは、フランスの田舎の屋根裏部屋に住み、画布を背負って麦畑をうろつく不審人物であったが、今日世界一高価で、歴史上最高の画家（と私は思う）の一人である。

当時の人々は、誰一人それに気づかなかった。そして今日、我々は「情報化社会」に生きているから何でも分かっている、と錯覚している。テレビの前に座れば、コンピューターの前に座れば、世界中のことが何でも分かると信じている。それはむしろ全人類共通の「自己中華思想」というべきものかもしれない。今、ここ、が世界の中心なのである。それはいい。しかしそれが他に勝ると思ってしまう。私はそれを笑うのである。そして、私の粘土細工が、水が漏れないゆえにでなく、その美ゆえに将来国宝とならざるを得ないことを予知しているので、また笑うのである。不審か？

ふゆちゃんは、山中で、がしがしがしというくら

い強い気迫を込めて薄茶を点ててくれる。戦国の名残であろうか。それを私の国宝で頂くと、緑色の湖水をたたえた太古の噴火口をのぞき込むかのようである。

近在のおじさんとおばさんを呼んできて、山の中の切り株に座らせた。ふゆちゃんを呼ぶ。

「おーい、家元ォ！　お二人にお茶点ててェ」

「はーい」

「なーんだビールじゃねえのか。抹茶なんておれ初めてなんだよ」とおじさんが飲み「ああ、でもおいしいわあ」と言った。

おばさん「あッ本当だ。これは抹茶だ。抹茶アイスと同じ味だもん」

神泉村流茶道は、ここに始まったのである。

スペインでも茶道は、セレモニア・デ・テといわれてよく知られている。が、日本人の私は何も知らなかった。

自作の粘土細工が茶碗に見えるからというので、茶、茶と騒いでいる私を見て、ふゆちゃんがお父上の催す茶会によんでくれた。東京・護国寺での遠州忌である。

着物姿で迎えてくれたふゆちゃんと母上を見て、私は自分のジーパン姿を恥じた。といって、諸国漫遊の旅の途上で他に持ち合わせもないのだが。

いくつかある茶席を巡って、最後にお父上の茶席にたどりついた。宗圓氏は、

「娘がいつもお世話になっております」

と、しっかりと私の目を見て言った。目を合わせ

てしゃべることは、スペインで慣れてはいるものの、日本人同士では案外珍しいので印象的であった。もしやこれも戦国の遺風なのであろうか。

「お世話などとはとんでもない！」

と私は氏の重厚さに圧倒されて、しどろもどろに答えた。頭の中には「十六代」「小堀遠州」「大名」「桂離宮」「着物」「黒」「はかま」等々の言葉が単発的に明滅し、「行儀」「正式」「緊張」「たたみの目」「膝痛む正座」「茶碗」「国宝」「歴史」なども巡った。尻からげして逃げ出そうと思ったが、茶室内を見渡すと、すでに十数名の正装した御客人たちが座って待っている。私は遅参したわけである。会話の内容から、私が何か特別の客だと思ったのか、正客の座にいた人品卑しからぬ白髪の老人が席を立って、そこを私に譲ろうとした。一大事である。

「あッ！　それは困ります困ります困ります！」

と私は叫んだ。茶碗の持ち方も知らぬ田舎者が正客の席に座るのなんか落語にも出てこない。私はなおも懇願する。宗圓氏も見かねて、「まあ、そのままで」と言っているのに、御老人は断固私に譲ろうとするのである。私はジーパンのすそをひるがえして、御老人の袖にすがり、「ダメです！　お願いです！」

まるで忠臣蔵・松の廊下だ。結局私は正客の座にすえられてしまい、ハァハァいいながら顔を上げると、一座は皆笑っていた。

沖縄の人々

沖縄の人によばれたので、沖縄へ行った。夏の盛りである。私は、よばれるところへはどこへでも行く、という訳ではないのだが、結果を見るとそういうことになっている。

那覇空港へ着くと、よんでくれた二人のおっさんが、くっついて、ヘッヘッヘッと笑っている。私がそれに気づくと、こちらを指さしてまたひとしきり、ヘッヘッヘッと笑い足した。

実に久しぶりである。マドリードで三人一緒に飲んだのはもう十年以上前のことだ。

この笑い方こそ南のものだ。私の義兄弟のヒターノのホアンも、その一族も、いつもこういう笑い方で私を歓迎してくれる。

「久しぶりですねえ！　いや、東京の友だちに沖縄へ行くって自慢したら、みんなうらやましがってましたよお」

と私は言った。おっさんの一人（大城勇さん）は、しかし、

「何で？」

と言う。

「何でって、ここは沖縄ですよ、青い海ですよ、輝く太陽ですよ、ビーチですよ！」

「ビーチによくガイジンが集まって、旅行で来た日本のおねえちゃんたちと何日間か仲良くすごして、また別れていくらしいです」

私はそういうことでビーチと言っているのではないが、「ま、とにかくビールでも」ということで、空港の隅の「地元民しか来ない食堂」へ連れ込まれた。大城さんともう一人のおっさん（仲宗根勇吉さん）はジャンケンをして、負けた仲宗根さんが車の運転係で、二ビール一水でめでたく乾杯をした。

空は青く、陽光は鋭い。が、海のおかげで気温は三三度以上には上がらないという。

「堀越さんはこのごろ焼き物に凝っておられるそうですから」

と、読谷村の陶芸村に連れて行ってくれた。中年男三人の不

思議道中である。

　そこで古い登り窯を見た。大きく立派で、私は感動した。大城さんは「暑い暑い」と言って、

「おお、そこに喫茶店がある。入りまっしょ」

　という具合である。

　結局私は二泊三日、海もビーチも見ぬまま帰ったのであるが、以下そのてんまつを手短に。

　沖縄・読谷村の陶芸村で、陶器店に入ってみた。人間国宝・故金城次郎風の魚の絵の器が多い。

　かつて私の父母の結婚記念に、父の沖縄の友人が壺をくれた。父亡き今もそれは母の家にある。深い渋い緑色の魚の絵が浮彫になっていて、幼い私はそれが大好きで、目の奥にいつでもその色合いが残っていて思い出すことが出来る。家にひとつでも本当に良い物があれば、それだけで子供は感覚が良くなるのである。私が生き証人だ。誰の作か、底を見れば知れるのだが、いつも花が生けてあるので面倒で果たしていない。

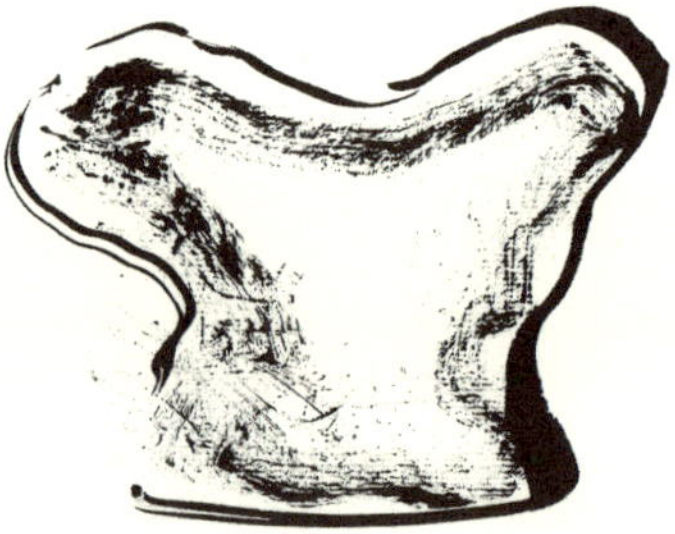

　店で売っている器の底には、サインのあるものとないものがあって、何か賞をとったり、東京の何とか展に入選したりしないとサインは入れられない、つまり一人前じゃないということであった。えらいことだ。私の作った焼き物なんか当然サインは入れられないことになる。国宝なのに。

　大城さんが私を指して、「この人絵描きさんですが」と女主人に言った。

「えーッ。あら、じゃ何かここに描いてみて！」

　くしゃくしゃの包み紙の余白に、するすると簡単な魚の絵を描くと、

「わーッすごいすごい！　本当だ本当だ。わッ寒気がしたよ、すごいわ」

私は逆に感動し、うれしくなって笑った。

それから私たちは店を出て、隣にあった喫茶店に入った。「何にしようかなあ」と言っていると、ここの女主人が笑顔で出てきて言う。

「アイスコーヒーがおいしいよ。私はコーヒーがダメで飲んだことないんだけど、皆おいしいっていうよ」

私はそういうものは飲まない。仲宗根勇吉さんはそれを頼み、「おいしい」と言った。女主人が出てきて「ねッ」と言った。

ここが涼しいからと、女主人は私たちを座敷に上げた。店は広いのに、座敷は狭く、すぐ隣に知らないおばさんが二人いる。沖縄の人四人は、どうやら標準語でしゃべって笑うのだが、私にはよく分からない。しみじみ南である。

外へ出ると、さっきの陶器店の女主人が私の絵の紙を丸い筒にして持って駆け出している。「どこ行くの」ときくと「額縁屋。ホラ見て！　腕にまだ鳥肌立ってるよ」

夜になると、大城勇さんと仲宗根勇吉さんに連れられて、那覇市内の沖縄料理の店に行った。

混んでいたが、予約済だったので座れた。その席にあらかじめ一人の大男が、トグロを巻くという感じで、もう飲んでいた。大城さんが言う。

「堀越さん、わたしはこの男を堀越さんに会わせたかったんですよ」

野球帽をかぶって赤いTシャツの、柄の悪い中年が、しかし人好きのする笑顔で手を出してきた。画家、真喜志勉さんと名乗った。

ままよ、飲めば都である。

延々と飲んで、いろいろな話をしたが、彼は、沖縄現代美術館建設案に反対だと言う。作るなら、本土風の単なるハコ物でなく、嘉手納基地が米軍からちゃんと返還されたあと、ジェット戦闘機の格納庫をそのまま用いて、美術館にすべきであると言う。

私は何も知らぬ身の上だが、彼の言う案以外に、沖縄の現代美術館はありえない、と思われた。沖縄

がどんな目に遭わされたか、沖縄がどこから立っていくのかを示すべきだからである。ふと私は出鱈目を言った。

「じゃ、こんなのはどうです。ジェット戦闘機を並べて、少しずつ周波数を変えてエンジンをふかすと、共鳴してウナリになって、モンゴルのホーミーみたいになりゃしませんかね」

真喜志氏「戦闘機がね、ゴーッと飛び立つ時にね、物凄い音なんだが、それが空高く消え去ったあとの静寂ったら、凄いよ。まさにバッハなんだな」

仲宗根さんも、まことに慎重な、私のように思いつきの出鱈目を言う人ではないのだが、口をはさんだ。

「本当ですよ。あの戦闘機の飛び去った直後の静寂には、何かが聴こえますよ。皮肉なもんですね。何か良いもの、美しいものが聴こえるんですよ」

「うーむ」と私は唸った。

二泊三日の旅だったが、大城勇さんと仲宗根勇吉さんは昼から夜中まで、また翌日も同じく、私をあちこち連れ回して下さったので、私は青い海にも、輝く砂浜にも、水着姿の小麦色にも出会わずに、東京へ戻ったのである。

沖縄に、むかしは立派なガジュマルの樹が沢山あったが、最近は随分減ってしまったそうである。で、私はガジュマルの種を拾い集めた。

焼き物で名高い壺屋へ三人で行った。通りすがりの老人が、どこそこの土産物屋の板壁には、いまだに戦争中の米軍機が撃った機銃掃射の跡が残っている、と教えてくれたので、あちこちの古そうな家の壁を、じろじろ眺めて回ったが見つからなかった。家の裏へ回って軒を見上げたりしているので、もし

や怪しい人物に見られはしなかったろうか。

ふらりと一軒の店へ入って見た。大城さんと仲宗根さんは店の人と沖縄弁を交えて四方山話《よもやまばなし》をしている。私は居合わせた親切な陶芸家から色々と焼き物のことを聞き出した。何か買いたいと思ったが、そんなことをすればお二人が払ってくれそうなムードなので、ふだん余りしない遠慮をして、何も買わずに出た。

八十すぎの老人が一人でシーサーを作っている工房へ入った。やせた、まさに沖縄の、アジアの老人だった。彼は、沖縄のお二人には沖縄弁で、私には標準語でしゃべった。私は私の肌の色が白いのを自覚した。内容は、またしてもむかしこの辺には立派なガジュマルがあった、という話である。

民芸運動の浜田庄司夫妻が新婚旅行でこの家に泊まった、という話もしてくれた。話をしながら、ひょいひょいとヘラで赤い粘土のシーサーをいじっているのである。と、お二人が大きく笑った。大城さんが訳してくれるには、

「シーサーは、誰が作っても同じだと言ってますよ」

私も笑った。老人は標準語で、

「みな一緒ですよ。ただどうしても自分に似ますよ。孫が、これらはわたしそっくりだと言いますよ」

と言った。見ればなるほどみなそのとおりである。

「誰が作っても同じ」の言葉が、印象に残った。縄文や弥生の時代の人のようだと思った。現代のわれわれは、「おれのは違う!」と言ってサインをするのである。それは一言で言うと、不幸である。

疑義！

二〇〇五年九月十四日、最高裁は海外在住者が国政の在外選挙の投票をできないのは憲法違反だ、との判決を出した。

当然である。私は以前からスペインでそのことを言っていたけれど、ちゃんと提訴した人々がいたのである。米国に住む十三人が原告であった。

私はおよそ三十年前からスペインに住んでいるが、たった一回帰国時に投票をしたことがあるきりで、あとは全部棄権を強要されていたのである。パスポートには日本国民であると証明されているのに、国民の権利は奪われていたのだ。在外投票が実施されないことの裏には、事務的に面倒であるという理由以外に、深い「島国根性」があると私は思っている。

一般の日本人にとって、「海外」は特殊なところであった。今もそうだ。そんな所へ「勝手に」行くのは「自己責任」であって、選挙権なんか失うのは当然だよ、という気運が日本中にたなびいている。また「洋行」「舶来」に伴ううらやましさ、嫉妬もあるから「こらしめ」の気分もある。ちなみに「勝手に」は島国言葉であって、スペイン語にはこのニュアンスの言葉はない。スペイン人ははじめから全員「勝手」なのだ。つまり「自由」なのだ。生まれた時から「自己責任」は当り前なのである。「自由」を「勝手に」と言い変えるのが、日本庶民独特のおかしい点である。

さて、この判決の骨子の中に、「一九九六年までに国会が立法措置をとらなかったことは、国家賠償法上の違反行為であり、国は精神的苦痛に対する慰謝料支払い義務を負う。慰謝料は一人五千円が相当」というのがある。

慰謝料は原告十三人に支払われる、というが、それはおかしい。慰謝料は七十二万人以上といわれる在外有権者全員に支払われるべきではないか？　ことは憲法違反である。戦後憲法発布以来、この違反はずっと行われてきたのであり、被害をこうむった人々は数知れない。

それを、十三人に五千円づつ、で済まそうというのか。法律はそれを知っていても知らなくても、全国民に等しくかかる網ではないか。被害に該当する者すべては、慰謝料を受け取る権利があるだろう。

法律の専門家に是非この点をおききしたい。

「精神的苦痛」どころの問題ではない。国は、長年かくも平然と憲法を侵してきた。重大である。

名画崩壊

ああ！　こんなことがあっていいのだろうか！

というようなことが世界に満ちあふれているのは御承知の通りである。

スペインのマドリードに、世界に冠たるプラド美術館がある。私は以前、模写の勉強をしに何カ月か通ったこともある。

一九九二年にスペインは万博とオリンピックを同時に開催し、新大陸発見五百年祭と銘打って、大いに騒いだ。そのお調子にのって、プラド美術館は急いで名画の修復を始めたのである。つまりお客がたくさん来るからきれいにしましょうという訳だ。

絵画の修復というのは、そういう動機で始めるべきものではない。絵そのものの老化具合に応じて、慎み深く、ごく少なく、行うべきものなのである。主人公は人事ではなく、絵の方である。

スペイン人にそれは向いていない。スペイン人こそは人事、つまり人間中心主義なのだ。一方、日本人は物事中心主義だから、修復や工芸に向いている。芸術よりも。修復に不向きなのはスペイン人自身も承知していると見え、プラドの至宝ベラスケスの大

作「ラス・メニーナス」の修復は、米メトロポリタン美術館に依託された。

帰ってきた名作は、あわれベラスケスの空間感が失われ、四畳半の空間のようになってしまった。その違いは誠に微妙であるが、以前の絵を見慣れた絵描きの目には明らかであった。つまり、絵の表面の古い保護ニスを除去する際に、ベラスケスのオリジナルの微妙な淡い調子のニスも幾分か取ってしまったのだろう。ニスの層には境目がないから大変難しい作業である。もちろん証拠などない。科学的証拠は沢山あるだろうが、絵の空間というものは味覚のようなものだ。熱いみそ汁とぬるいみそ汁とで化学組成は同じではないか。

スペインの修復家はメトロポリタンに学んだのであろう。次から次と名画を磨き始めた。

油絵の古典技法では、顔や手の部分はまず大ざっぱに白と灰色のみで描かれ、のちに微妙な淡いトーンや色彩をニスと油で加えていくものだが、プラドの修復家はそのニスを無神経にほとんど全部はいでしまった。白い絵具が真っ白に見えるまでニスのトーンをはいでしまったのだ。すると、絵の中の王や王女の顔や手は真っ白な、水にふやけたスルメのような色に飛んでしまったのである。

久しぶりにプラドを訪れた私は、愕然となった。ベラスケスもグレコもティツィアーノもこわれてしまった！　凄いスピードだ！

オリジナルの半調子が失われ、微妙なトーンを誇る名画たちはお土産屋の店先のようにピカピカに輝いている。もう絶対に直らない！

ああ！「プラド」の権威におされて、誰も何も言えない。

バルセロナの動物園

バルセロナの動物園に白いゴリラがいた。たしか、数年前に死んだ。

実に大きなゴリラなのに、顔などは肌色で、ガラス越しに目が合うと、まるで人間のようであった。が、よく見ると、やはり人間というには挙動不審であって、ああ違うんだなと思われた。

随分長いことそれを眺めて屋外へ出ると、もう夕方で、客もまばらであった。

トラの檻のところで見ていると、バケツに生肉の塊を一杯につめて、係員のおじさんがやって来た。東洋人が珍しかったのか、

「いいものを見せてやろう」

と言う。

「何」

「こいつらにエサをやるところを見たくないか」

私はワッと喜んだ。だが、何故それが安全だなどとすぐ人は信じ込むのだろう。スペイン人は、「危険は、それが起こるまでは安全だ」をモットーとして生きている。闘牛を見るがいい。人間を本気で殺そうとして疾走してくる、言葉もシャレも分からぬ、遠慮も自己規制もない巨獣を相手に優美な舞いを見せて喝采を浴びようだとか、それを町内に放して皆でその前を走ろうだとか、われわれ自粛に満ちた遠慮深い日本人には思いもよらないではないか。

おじさんは鉄の扉の錠を開け、私を通し、内側からカンヌキをかけた。暗い。途端に私は危険の中に

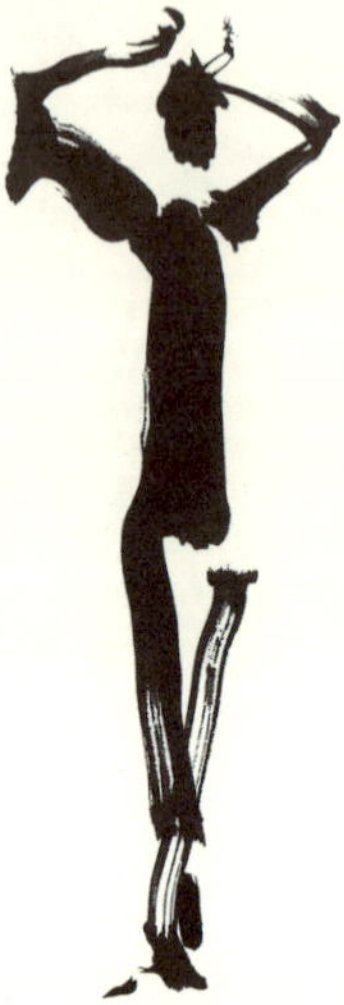

入ってしまったことに気づいた。すぐ前には鉄格子のもうひとつの扉。

同じようにしてその扉の内側に入ると、すぐ左側にトラがいた。右側には巨大なヒグマが立っている。もちろん檻の中だが、通路の幅は三メートル弱だ。おじさんはすいすい行くが私は足がすくみそうである。

突き当たりの檻の中には、ライオンが四頭いた。エサを前にして可愛らしく笑えばいいのに、その憎悪に満ちたもの凄い唸り声ったら！

おじさんの投げ入れる肉を四頭で一瞬奪い合ったかと思うとすぐに抱え込み、「おれのだおれのだ！」と唸る顔の恐ろしさ。これを野獣というのである。

おじさんが言った。

「エサは一日おきにしかやらん。満腹すると病気になるからね」

人間もそうしたらどうか、というのが私の提案である。

彼ら

不良、とか与太者とか言われる人は、常にこわもてで、力を他に誇示しておかねばならないものである。

頭の悪い乱暴者のブッシュのおかげで、何やら良い人みたいにさえ見えるフランスのシラクであるが、この人が一九九五年、大統領就任の直後にまずやったのが、唐突な南太平洋での核実験再開であった。全く就任記念の花火みたいなつもりだったのだ。全くの与太者的発想である。〝政治的〟ともいう。

その後、南仏で開催される予定の日本文化を紹介する芸術祭に、多くの日本の小説家たちが招待されていた。「フランスへ行って存分に抗議してきますよ」などと皆はしゃいでいたが、招待されておいて、そこでするような抗議は、ヨーロッパでは抗議と言わない。懐柔された、と言う。ノーベル文学賞の大江健三郎氏が抗議の欠席を申し出たため、結局この催しは中止になった。

　日本の文化勲章を断った大江氏も二〇〇二年にフランスのレジオン・ドヌール勲章はもらった。七年の歳月を利用して、フランスは懐柔に成功したのである。シラクは、にやりと笑ったに違いない。

　内戦中、スペイン北部バスク地方の小都市ゲルニカ空襲に抗議して描かれた大作「ゲルニカ」を描いたことで、ピカソはノーベル平和賞をもらえることになったが、断った。同朋の悲劇を描いて、一人だけ栄誉に輝くのをよしとしなかったのである。別に偉くはない。こういうのを平常心というのではないか。

　私は、毎日昼ごろ起きるたびに、誰か懐柔にやって来ないかなと思うのだが、お知らせはない。

　さて日本の与太者、といえば小泉純一郎である。戦争放棄の憲法を持つ国なのに、そこは戦場じゃありません、と言い抜けて軍隊（じゃありません、自衛隊です）を遂に外国へ送った。何故なら、これは正しい戦争だから、と駄々をこねて。よく通りましたね、そんな出鱈目が。小学生がこれを真似たらどうします？

「これは正しいイジメだよ」

先生、止められますか。

ただし外国から見ると、小泉のやったことは力の誇示ではなく、隷従にすぎないから、与太者でさえ

ない。

悲しき靖国

不思議なのは「靖国問題」である。

参拝するのは個人の自由だと言って、小泉純一郎は、しゃにむにそれをしようとする。中国や韓国は、それをするなという。

アメリカは日本に、イラク派兵をせよという。郵政民営化をせよという。小泉純一郎はその通りにする。きっと参拝に関しても、アメリカはせよといっているのだろう。

私は、幼年時代に叔父からもらった軍国絵本を見ながら育ったが、時すでに敗戦後だったので、それを単なる勇ましい物語の絵本として愛した。

その中によく靖国神社は登場し、模範的な兵隊さん（戦死をする）は、「靖国神社でお会いしましょう」と遺言するのである。それを伝え聞いた遺族、特に母親は「息子が死んで悲しいのじゃありません。天皇陛下のために息子が立派に死んでくれてこんなに嬉しいことはありません」と涙する。嬉し涙にくれるのだ。

嘘だろう。そんな母親がいるわけはない。しかし当時の日本ではそれを言わされた。私はその時代の子ではないので知らないが、現在の日本の社会を見てさえも、実によく人々は、周囲や上下を見て、黒いものを白と言っている。黒いものを見ると、条件反射的に白と言った方がいいんじゃないか、と頭の中で計算しているらしいのが、テレビ画面に映った人の目の動きから読み取れる。

嘘つき日本。

私の伯父は学徒動員で南方に送られ、マラリアにかかって送還され、内地で亡くなった。妹（母）に「ぼくが死んでも靖国神社には絶対に行くな。あんな所にぼくは行かない」と遺言したそうだ。

今は亡き父は、シベリアに二年間抑留されて生還したお蔭で私は生まれたのだが、極寒の中、「死んでも靖国神社なんぞには行かねえ！」と誓ったそうだ。

だから私の親族は誰も靖国神社へ行かない。しかし「靖国神社でお会いしましょう」と伝えられた遺族はどうしたらいいのだ。

　行きたくもない戦争で戦死した方々は、軍部や国家のしがらみから解放されて霊となった途端、国家の欺瞞が分かってしまったのではないか。それでも、残された人々には他に何のよるべがあろうか。

　あそこは、幾重にも悲しい場所だ。単なる慰霊の場所ではない。国家のなした深い欺瞞をも含む場所である。

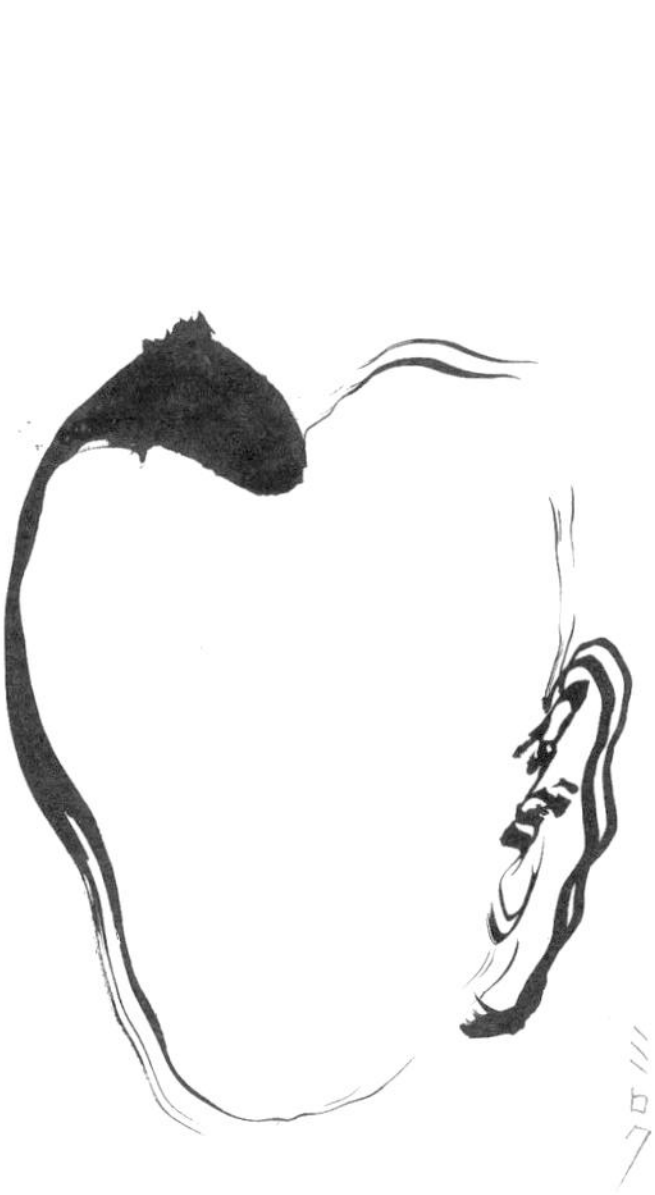

国技

日本からA氏がマドリードへやって来た。

　私は用事で彼に会わねばならず、ある中年のスペイン女性も同様であった。彼女と私は未知である。

　三者顔を合わせてしばらく歓談の後、食事をすることになり、場所を変えた。そこまで行くのに、A氏はタクシーで行きましょうと言う。十キロほどである。私もそれがいいと思った。三人座ってしゃべりながら行けるし、どうせタクシー代は仕事で来ているA氏持ちである。で、それに賛同した。

　が、彼女は、もったいないから電車で行きましょうと言う。どちらでもいいようなものだが、駅まで行くのも時間がかかるし、ここはタクシーでしょうと私は言った。

　何が彼女の内なるドン・キホーテを刺激したのか分からないが、彼女は俄然強固となり、テコでも動かぬ論陣を張り、電車を主張してゆずらぬ形となっ

た。

どちらでもいいとはいえ、A氏はすぐ日本へ帰らねばならず、惜しいのはタクシー代よりも時間である。私がそう言うと、彼女は不機嫌となり、「日本人は皆同じだ」と日本語で言う。日本人をよく知る人なのである。「日本人は皆、目上の人にへつらい、自分の意見を曲げる」と言う。A氏は私より年上であるが、何らの上下関係もない。そう説明しても、彼女はもう、そうと決めつけてしまった。

「決めつけ」と「思い込み」は、スペイン人の国技である。ドン・キホーテがその代表だ。

一方、彼女の言うとおり、「へつらい」と「隷従」は日本人の国技かもしれない。何でそうまでして、上役や周囲の顔色ばかりうかがうのか。上司の言うとおり、黒を白と言っては脂汗を流して頭を下げる男たちをよくテレビで見かけるが、何で正しいことを言わないのか、と彼女は言う。

しかし、よく考えてみると、スペイン人だって庶民がお金のほうに走りよるスピードは日本の比ではないし、役人やサラリーマンが上司にへつらうのは万国共通である。

結局タクシーに乗ったのだが、日本人は皆同じだ、と彼女は言いつのる。すると私も日本人なので当然同じ、となるので至極迷惑である。面白くない。彼女に敵意さえ湧いてきた。何にせよ十把一からげ、日本人はみなこれ、〇〇人は皆これという一般論こそは戦争のもとである。

そこで私は、あえて彼女の前で紙屑を窓から捨てた。

「きれい好きな日本人」でない日本人もいる、と示したつもりである。

プロジェクトD

本年（二〇〇五年）はセルバンテスの『ドン・キホーテ』出版四百周年である。

世界中のノーベル文学賞作家に、世界一の文学とは何か、というアンケートをとったら『ドン・キホーテ』が一番だったそうだ。

原典は平易で、スペインの中学生でも読めるくらいなのだが、日本語訳で読むといまひとつ何が面白いのかぴんと来ずにいた。

スペインでよく一緒に遊ぶ荻内勝之・東京経済大教授が、十年来この新訳に取り組んで、このたび刊行の運びとなった（新潮社刊）。これが面白い。何でそんなに世界的歴史的に人気があるのか、これで分かった。本当に『ドン・キホーテ』は面白かったのだ。

いささかコマーシャルめく口調になるのは、私がその本の装画と挿絵を描いたせいであろう。が、面白いのは本当である。

そもそも、荻内さんと私は、別の出版社（木楽舎）から『ドン・キホーテ』の豪華本（厚さ一五センチ、大きさ新聞紙の半分、総革装）を出そうとしていた。まさにドン・キホーテ的発想だ。しかしこれが諸事情により訳と絵が別々となった。風車は倒れなかった。

しかし私はもう八十点余の彩色画をマドリードのアトリエで完成させていた。スペインライフ三十年分の人々の顔を思い起こしながら描いたのである。

それを画集として出しましょう、と木楽舎の小黒一三氏が言った。が、絵だけでは何のことだか分からない。じゃ面倒だから堀越さん文章も書いちゃえ、と彼が、言った。つまり堀越版ドン・キホーテを書いてしまえという提案である。

　えらいことになったと思った。ということはもうその瞬間にやると決めていたということだ。

　〆切まで十日しかなかった。しかしその前に堀越は埼玉県神泉村に作った焼き物の窯を三日三晩たかなければならなかった。おまけに、新潮社の本の装画と挿絵四十点（白黒）も依頼されていたが、同じ日の〆切であった。出来るのか。全部で十日だぞ。

　山の中で、満月の下、酒を呑みながら、若い人々と一緒に窯をたいた。これで三日。終わると台風が来た。雨漏りのする土間の片隅で、荻内さんの『ドン・キホーテ』を参考にして『ドン・キホーテ・デ・千秋』（木楽舎刊）の文を四日で書いた。それから新潮社の絵を三日で描いた。

　急いだつもりは全くなかった。寿司はいつだって手早く握られてこそ美味ではないか。

　そんな折、十一月五日に福岡県福津市で開かれる「ドン・キホーテ・シンポジウム」にパネラーの一人として招ばれた。ドン・キホーテにたたられた。

フジロックフェスティバル

　たしか去年（二〇〇四年）だったと思うのだが、私はフジロックフェスティバルというものに出演した。

私も含めた中年以上は、何それ？　という反応であるが、ヤング諸氏にそれを言うと尊敬のまなざしになる。だから書かねば。

　出るまで知らなかったが、フジロック――は、世界最大級、最高級のロックフェスティバルだそうだ。しかし私が唄うものはロックでない。カンテといって、フラメンコの唄である。フラメンコ、というのは本場スペインでは、このカンテのことであって、あの有名な情熱の踊りはバイレといって、多少別の発達をとげてきたものである。どちらが兵隊の位で偉いかというと、カンテである。唄がなければ踊りは存在しないからだ。シャンソンもカンツォーネもカンテも、各々の国で「唄」という意味である。

　その偉いカンテを私が唄う。私の義兄弟はアンダルシアのヒターノの鍛冶屋でカンテの名人、ホアン・ゴルド・アグヘタという男で、先年亡くなったが、その一族と私は親しい。

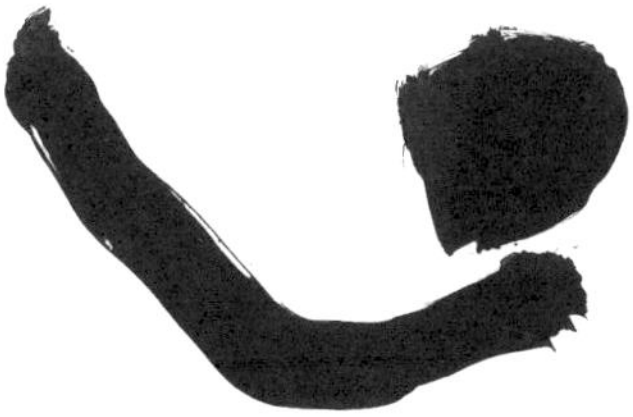

　一族のミゲルとディエゴと私とが、束ねた三本の矢のようになって、三馬鹿とも言うが、アフィシオン・レコードの翠《みす》氏の暗躍により、フジロックに出たのである。ロックフェスティバルにカンテとは、ま、裏口入学といえなくもないが、出番はＵＡという女性歌手の前であった。

　ミゲルもディエゴもカンテの名手である。私は別に名手でないが声は大きい。ミゲルは生まれて初めての冷房に喜んだあまり、口を開けて寝て声が出なくなった。ディエゴは、数千の日本人を前に力んで、本番の舞台で突然に声のキーを上げてしまい、ギター（スペイン人）もそれに合わせてしまったので、三人並んで唄う次の番の私の声が苦しくなった。ままよ、とやみくもな大声を出して唄ったら、私の方がディエゴより受けた。さらに、声の出ないミゲルがカスカスの息だけで唄い、ままよ、と踊り出したので、これがさらに受けた。素人相手はこれだから嫌だ。

ヒターノは人生に逆風を好まず、「努力」とか「克己」とか「忍耐」とかいう言葉がないから、ディエゴはたちまちむくれそうになった。何曲目かが終わるとディエゴは「行こうぜ！」と立ち上がり、そうなると一族の掟により皆一緒に立ち上がらざるをえない。係員は「まだ九分ありますよ」と言ったが、かまわずにはしょってどんどん出て来てしまった。滅茶苦茶である。

あとで人に聞いたらなかなかの好評だったとか。

興福寺仏頭

興福寺仏頭、または旧山田寺仏頭といわれる名品が、東京国立博物館で公開されている。

白鳳期の傑作で、誠に美しい。朝鮮からの渡来人の作らしい端正さ、冷徹さを備えている一方、日本人らしいやわらかさ、温かさ、甘さも見える。作者不明の太古の作であればこそ、いろいろな空想ができるのである。

ふと周囲を見回せば、こういう丸顔のふくよかな女性は、日本に多い。しみじみ美しい円満さである。国宝。

眺めていて、ふと邪念がわいた。このブロンズ像は、昭和十二年に土中から発見されたが、むかしの火災による大きな凹みが左耳から後頭部にかけてある。もとより首だけの、いうなれば破損品である。ふつう、国宝というのは完品であって、有名な唐招提寺の如来形立像だって、絶妙な壊れ方をしているがためにより一層美しい、と言えるのだが、国宝ではない、重要文化財である。
役所の決めた称号だからどうでもいいようなものだが、それでもそれと定

めた時代の学者の見識がしのばれるようにも思われる。

この仏頭が国宝となったのは、破損や凹みをしのぐ圧倒的な美のゆえであるが、いやこれは完品ではないから国宝にはふさわしくない、という杓子定規の石頭の学者がきっといたのではないかしら、というのが私の邪推、というか空想なのである。

まったくのところ、全ての善きこと、美しきこと、楽しきこと、生き生きとしたこと、嬉しきこと、のすぐ裏側には必ずこの手の水かけ役、ブレーキ役の人間がしたり顔をしてしゃがんでいるもので、機を得ては、待ってました、と思われるのが嫌さに渋面など作って、もっともらしく現れるのである。日本にいると実に多く必ずといっていいほどリズミカルにこの手は現れる。往々にして、これを律義やきれい好きと心得て朝早くから道に水などまきながら張り切っているような連中などもいて、私は大嫌いである。

学者たちの満場一致でこれが国宝となったのなら何も言うことはない、めでたいが、案外知られざるドラマがありはしまいか、などと、美を味わうかたわらぼんやり思ったまでである。

横浜のジャズ

横浜ジャズプロムナードという催しがあって、しかし街頭に案内板が出ているでもなく、勝手に行きやがれとばかり市中に散らばる会場を探して地図片手に走り回るだけで、私は疲れてぼろぼろになった。

まずたどりついた会場でたまたま見た明田川荘之（ピアノとオカリナ）と津村和彦（ギター）が面白かった。初老のくたびれたおっさん風の明田川が、ピアノのクライマックスになると鍵盤をなぐる、肘打ちはする、横ばいはするの電光石火の働きであって、その意外なスピード感が楽しくて笑った。しかしその澄んだピアノの音は、大乱戦の最中も失われることなく、終始美しくエネルギッシュで洒脱で、大いに気に入った。

そこからまた走ってたどりついた関内ホールでは、板橋文夫ジャズオーケストラを聴いた。いったんバッジを買えばどの会場もフリーパスなのである。

板橋（ピアノ）もまた全速力の大乱戦で弾くのだが、音色もメッセージも、筋肉質な和風の中にアフリカ風の汗が香る。後で楽屋で握手をしてみると当人はぐにゃぐにゃなのだが。

バンドは十人ほどの編成である。これが終始悪ガキの修学旅行のノリでラッパ（失礼）を吹き、カネ（外山明）や太鼓（小山彰太）をたたき、サックス

（林栄一）や時にバイオリン（太田恵資）などなどとともに世にも美しいオーケストレーションを奏で、かつは天上に導き、かつは滅茶苦茶な音響で地獄へいざなう、というめくるめく旅を千余の観衆にプレゼントしてくれたのである。どこにもない熱狂。

各人の音は常に「どうだ！」の叫びを持っており、これがたまらなく素人私の叫び心を誘発する。他のファンもきっとこの麻薬にとり込まれて出られないのだ。

どう見ても大豪邸に住んではいなさそうな（失礼）おっさん達で、出演予定の一人は前日に結核（！）で入院。欠席。祈回復。

以前私は、福岡アジア美術館と画廊香月で、板橋とチェ・ソリ（韓国のパーカショニスト）と〝共演〟をした。すなわち、二人の演奏を背後にして即興の壁画を描いたのである。インスピレーションを背中から受けたそれはすばらしい出来で、まるで雪舟のようだった。板橋はそれを巻いて持ち帰ってしまったが、家には飾る程大きな壁があるのだろうか。

コマーシャルを作った

私は何だって面白そうなことはやりたい。やれないことは何ひとつないが、やりたくないことは沢山ある。やれることは一秒で分かる。頼まれて、ウン、と言った時には、もう完成のイメージが出来ている。

数年前に、「白岳しろ」という焼酎のテレビ・コマーシャルを作ったことがある。

私はスペインに住んでいるので(何故かということはもう忘れてしまった)、大好きなフラメンコを使って、面白い映像を作ろうととっさに思った。

で、まずアンダルシア、シェリー酒の故郷ヘレスの町の春祭りに出かけて、踊りの上手い可愛い子を見つけようとした。

昼間から広場では、セビジャーナスというお祭り踊りをやっている。フリフリの派手な衣装で、皆楽しく踊っているかたまりのあちらこちらを見て歩いた。

いざ、テレビ映えのしそうな、日本人好みのしそうな、それでいてスペイン風な、踊りのうまい美女を探そうとすると、なかなか美女揃いのアンダルシアでも、帯には短すぎたり、たすきには長すぎたり。勝手なものですな。

そのうち、そんなイメージにぴったり以上の子が、楽しそうに上手に踊っているのを見つけた。素晴らしい！　だが私が一人でそんな話を切り出せば怪しい男のようではないかしら。あらかじめ二、三の日

本の友人達を誘っていたので、彼らにもっともらしくカメラなど持たせて、それを背景において、私が交渉をしたら、彼女は信用して出演をＯＫしてくれた。

　詳細を話すべく二日後に約束した。約束の場所に、彼女は六、七人の兄弟や友人たちと共に一台の小さな乗用車にスシづめになってやってきた。ヘレスの隣町カディスからだという。

　しかし、お祭りの時のあの輝きは、その時の彼女にはなかった。化粧のせいか、衣装のせいか、踊りのせいか、分からない。女は化けるものであった！

　誠に勝手ながら私はがっかりした。しかし衣装や化粧を施せばまたあの輝きが戻るかもしれない、と思った。彼女が言った。

「パパとママが言うの。撮影はカディス県内ならいいけど、県外に出ちゃダメって」

　私はホッとした。

「残念！　撮影はマドリードなんだ」

　とまれ彼女を諦めた。「白岳しろ」のコマーシャルだから、そうだ、いっそ美女路線はやめて、白髪の元美女路線、渋いフラメンコの踊りと渋いカンテ（唄）にしようと思った。

　ヘレスの知り合いに頼んで、何人かのヒターノの老婆を紹介してもらい、一人ずつ訪ねて歩いた。

　皆、似たような白亜の狭いアパートに住んでいて、知り合いが下から呼ぶと「はいよー」というような返事とともに、洗濯の手を止めて出て来ましたといわんばかり、軽い手踊りとともに階段を下りてくる。それを見ているだけで素晴らしいシーンが、目の中ですぐに湧いてきた。

白髪の見事な、ヒターノ独特のわし鼻のアウレリア婆さんに決めた。彼女はえらく張り切って、貧しい退屈な日々にこんなに面白いことはそうそうはない！　という喜びが躍動して、その場で小躍りした。

数日後、ドン・キホーテで有名なラ・マンチャ平原の中のある村の、閑散とした一軒のバル（居酒屋）を借り切って撮影した。

プロデューサーは友人の香月人美、ディレクターとカメラマンは、日本からプロの知人を呼んだ。脚本と大まかなプランは私。アウレリア婆さんと、唄い手に友人のアントニオ・モネアを呼んできた。彼がカウンターを拳でたたいてリズムをとり、彼女がゆっくりと舞う。ギターはなし。通人のみが味わい得る、乾いたフラメンコを現出させたかったのである。撮影はうまくいった。

彼らをアンダルシアに帰したあと、ラ・マンチャ平原を走り回って、美しいオリーブ畑のカットを撮るべく、探した。スペインの大地は、つくづくどこを撮っても美しい映画のシーンになるなあ、と今さらのように実感した。そして、どこを撮っても大地は赤いなあ、と。

数カ月後、そのコマーシャルは東京方面で流れた。友人たちが「見た」と言ってきた。「しろ」の売り上げが上がった、ときいたのは、彼らが買ってくれたせいかもしれない。

後日、ヘレスでアウレリア婆さんに会うと、彼女は私に抗議した。

「ビデオを送ってもらったけど、あの番組はえらく

短いじゃないか！」

そのテレビ・コマーシャルを作ることになったとき、私は急に熱心に、スペインのテレビを眺めるようになった。気に入ったものはビデオに録画したりした。

それで気づいたことがある。

スペインのコマーシャルは、光と影の使い方がまるで十七、八世紀の油絵のようにドラマチックで、彫りが深い。明暗を巧みに演出しているのである。

そういえば一般家庭の照明も、青白い蛍光灯よりも黄色い電灯による部分照明や間接照明などが好まれる。蛍光灯は人の顔を病的に見せるというのだ。それよりもむしろ私が思うに、蛍光灯が事物を平等に明るくする点が嫌われるのではないか。

スペインの朝のニュース番組などは全光であるが、トーク番組、クイズ番組、インタビュー番組などは基本的に光と影である。つまり、闇の中で光を当てる、という考え方である。

一方、日本のコマーシャルを見ると、圧倒的に全光が多く、画面全体が明るくて、彫りが浅い。コマーシャルだけでなく、普通の番組でもそうだ。サスペンス・ドラマでさえ基本的に全光である。

この違いは、両国の美術の違いでもある。

ゴヤ、ベラスケス、ムリリョなどの光と影。源氏物語絵巻、浮世絵などの全光。

日本のアニメやゲームは、ほとんど無意識に浮世絵の伝統を汲んで、それゆえに全光なのだろうか。それとももしや、これはある種の幼児化現象のひとつなのかしら。プリミティブ・アートや子どもの絵には陰影がない。

いまの日本の文化はまさに子ども向けである。選挙権もある大人のはずの二十代の女性でさえ、自分を「女の子」と呼んだり、舌足らずにしゃべったりする。

一握りの大人たちに扇動された全日本の子どもたち。そのうしろを何ら自分の文化を持たない大人たちがニコニコ笑って、テーマパークをついて回る。

そう考えると、日本のテレビ番組やコマーシャルの陰影のなさは、なかなかどうして奥の深い、美学上、哲学上の大テーマかもしれない。

山海塾

珍しくマドリードの画家たち（スペイン人）が集まった時、たまたま暗黒舞踏「山海塾」の話になった。

人気がある。

日本で〝人気〟というと「女子供」が主人公であるが、文化が大人のものであるヨーロッパでは〝人気〟は大人のものだ。

私が主宰者の天児牛大《あまかつうしお》を知っているよと言うと、一人が叫んだ。

「何と！　君は彼のアミーゴ（友）なのか。素敵だ。ちょっとさわってもいいかい？」

ある年の山海塾マドリード公演の時、私は天児氏と団員たちと知り合った。

その「金柑少年」という演目を見た後、観衆が熱狂して床を踏みならすのを見た後、である。

打ち上げの後、私のよく行く、フラメンコ通だけが集まる会員制バルに彼ら五、六人を連れて行った。全員髪を剃った例の頭だが各々に毛糸帽をかぶっている。団員の一人、滑川五郎氏が、ひょいとそれを取って、人々がさんざめいているサロンの真っただ中に坊主頭を光らせつつスーッと入って行った。

人々は呆気《あっけ》にとられて彼を眺め、静まり返ったが、

やがて笑い声と共に拍手が湧いた。山海塾を知っていたからというより、滑川氏の異様さに打たれたたからである。氏はただ歩いただけなのに。

その時は皆で翌日の昼まで飲んだ。夕方、パリへ車で戻るというのを引き留めて、皆で闘牛を見に行った。

「マドリードは怖い。堀越さんがいる」

と天児氏が嘆いた。

数年後、山海塾はまた来た。「卵熱《うねつ》」という、素晴らしい作品とともに。夜、風の強い野外でのステージであったが、水と光の美しさに、人々は溜め息をついた。もちろん私も。で、終演後ビールを飲みながら、天児氏に言った。

「上から降る砂をこう、老婆が人生を振り払うような姿が、凄い」

すると天児氏が勝ち誇ったように騒いだ。

「あッ！　堀越さん年とった！　年とった！　人生って言った！」

しまった。

むかしの仲間

夏。埼玉・神泉村で三日三晩の窯たきをした時、どんな風の吹き回しか、何十年ぶりに、中学時代の友人、折重と堀が冷やかしに来た。

若者たちに薪の投入は任せて、私たちは山の下の天然記念物・三波石峡《さんばせき》という峡谷へ泳ぎに行った。

二人は数年前の同窓会の写真を見せてくれた。その中の旧友たちを見て、たちまち私は数十年前の中学時代のまなざしとなっていた。

「あッこの女おれに惚れてたんだぞ」

「うそつけコノヤロ」

　東京中野七中は、校内暴力が社会問題、つまり新聞沙汰となったハシリでガラが悪い（今は知らず）。

「あッこの野郎誰だ。いやに若えぞ」

「Sだよ。未だに茶髪だからな」

「まだ不良やってんのか、アハハハ」

　Sは十年以上前のクラス会で会った時、私に言ったっけ。

「てめえコノヤロ、おまえの本（『スペインうやむや日記』集英社文庫）におれのこと、刑務所出たって書きやがってよお。おれがいたのは刑務所じゃねえぞコノヤロ、少年刑務所だぞバカヤロ」

　川で泳ぎながらそんなことを思い出して、三人

で笑った。やがて夕方、折重と堀は帰っていった。

　三日三晩の窯たきを終えると台風が来た。夜ふけに雨戸を閉めていると、雨の中、背後に生き物の気配がして、振り返ったが誰もいなかった。ちょっとゾッとした。

　深夜電話が鳴った。出ると
「もしもし。あれ？　おまえ堀越？　おまえおれに電話した？」

と、これまた久しぶりの中学の友、奥村である。

「してねえよ。どうしたんだ？」

「おかしいな、割り込み電話が入ったんでボタン押したらおまえが出た。おう、大変だよ、Sが死んだんだ。今お通夜の帰りだよ。うつ病。自殺。きのう」

「何ッ！」仰天した。

「死ぬ前の晩によ、誰それとSが飲んでよ、これは葬式代、これは墓石代ってSが言うからよ、誰それは笑って信じなかったってよお」

　奥村としばらく話して、私は気がついた。「そうか、奴は自分で電話出来ねえ身の上になっちまって、

おめえに言わせたのかあ」
「奴ァおまえに書かれて嬉しそうだったしよお、おまえにあいさつしたかったんだなあ。お通夜に三百人も客が来たよ」
「忙しいのに、律義な奴だなあ」
Sは、日本のスカイダイビングのパイオニアの一人だった。同窓会の写真を見ると、皆のド真ン中で脚を広げて、誰よりも楽しそうに笑っている。

憂愁の画家

ミズテツオさん（画家）は、憂愁に満ちた女人像や顔を描く。近年は大作の抽象画〝フラッグ・シリーズ〟が有名である。日本やフランスの画廊と契約して、活躍をしている。

私がミズさんを敬愛してやまないのは、そういう偉い画家としての氏ではなくて、ひょうひょうとして、しかも常に闘う姿勢で絵を描き続けている点である。

もちろん、私はそんなにくわしく氏のことを知っているわけではないが、はじめて会った時からそういう感じがするのである。感じがするだけであるが、一目でそういうことを感じ取れなかったら、何の為のエカキかわからない。エカキは毎日眼と頭と心と正確な判断とをつなぐ練習をしているのだ。

名医なら一目で病人を見抜くというし、稲垣足穂翁は、そのお坊様が童貞かどうか、一目でわからぬようなことでどうする、という旨のことを書いている。

房総の九十九里の海岸から入り込んだ、寂しい川沿いの氏の家は、ロマンチックで憂うつな、灰色の小さな城のようであった。すぐ隣接して、フィリピンの田舎の教会ほどの大きな、立派なアトリエが建っている。

「ミズさん、家の方は人に貸して、このアトリエだけで充分じゃないですか」

と私はうらやましいので余計なことを言った。氏はいま一人暮らしだそうである。

氏は、過去を慈しみ、その香りに惑溺しがちの文学的資質を強くお持ちのように見える。そこから常に激しく飛び立とうとして、壁には「天才！　ゆえに努力！」のような張り紙が沢山ある。受験生みたいだと私は笑った。

「わが人生は悔いばかり、早く死ねよと神が言う」などという戯れ唄を口走るので、「やめなさいよ。ここで首吊ったら後の人が使えない」などと私は言った。反歌のつもりである。

一夜銀座で皆と飲み、「さあ帰ろう」と皆ドヤドヤと立ち上がった時、氏だけが立たず、茫然と卓上の空盃を見つめていた。穴のように孤独だった。

やがてとぼとぼと路上を歩く氏に、どこからともなく着物の美女が現れて、氏に寄り添うのではないかとふと思われたので、私は氏の脚を蹴った。すると氏は私を追いかけて来、あくまで復讐をしようと努めるのであった。

抱擁のあいさつ

日本とスペインとでは、人と人の身体の距離が違う。

スペインでは、親しい者同士、実によくくっつく。男同士でも、会えば抱擁のあいさつをする。何かと手をのばして互いの身体にふれ合う。

仲の良い女同士だと、ずうっとくっついている。トイレに行くのも一緒である。こういうと、誰だって個室の中まで一緒とは思うまい。が、彼女らはそうするのである。何の為にかというと、まあ、おしゃべりを中断しないためでしょうな。

抱擁のあいさつは親しい者同士のもので、いくつかの作法がある。ふつう男同士は抱擁し合っても頬にキスはしない。これがフラメンコのアーティストだと、互いを認め合っているというしるしに両頬に

キスをし合うこともある。この頬にキスするやり方は女と女、または男と女の間の抱擁のあいさつと同じである。

キス、といってもあくまでも頬にするのであって、口に、というのは親子でも決してしない。特別な関係の男と女の間のみである。

頬に、でも実際には唇を触れさせずに頬同士をくっつけ合い、唇はごく近くでチュッという音を立てるだけの場合が多い。スペイン人はこの空チュがうまい。もちろん実際に頬に唇を当てたって失礼ではない。ただ女性の場合、口紅が相手の頬を汚すことの失礼を恐れて、音だけを立てる人が多いのである。それが何かの拍子に頬に触れたり、明らかに意図的に頬にされたりすると、ちょっとゾクリとする。もちろん相手による。

この抱擁のあいさつは、慣れないと妙な緊張を伴うのは、互いに触れる習慣の少ない日本人ゆえである。ある中年日本女性が、スペイン男性に何げなくこのあいさつをされた時、かちんかちんに突っ張って、不倫の覚悟を決めたように歯を食いしばり、耳を真っ赤にして目をつぶったのは、可憐にしてあっぱれ大和なでしこの鑑《かがみ》であった。

毛利一枝さん（装幀家）は御主人がイタリア人なので、スペインかぶれした私と何げなく男同士のような抱擁のあいさつをするが、村田喜代子さん（小説家）にこれをすると、力みはしないがやや体を固くして、私の軽く上品な抱擁のあいさつに、一秒間耐えて下さっているのがわかる。

何度でも言う

小泉首相は、靖国神社にA級戦犯も合祀されていることをどう思うかと問われて、

「罪を憎んで人を憎まず」

と言った。こんなセリフで馬鹿な国民を煙に巻けると思うことは罪であるから、ゆえに私は小泉を憎む。

靖国参拝を強行するのには、国内向けの集票的思惑が多分にある訳だが、参拝の大前提となっているのは、靖国神社に戦死者の霊がおわす、ということである。それは宗教的テーマなので違憲であるという判決が出た訳だ。

現世のドタバタはともかくとして、そこにおわすはずの霊たちのことを少しは考えてみてもバチは当たるまい。

先にも書いたが、私の伯父は学徒動員で南方に送られマラリアにかかり、送還され内地で亡くなったが、遺言は「ぼくは絶対に靖国になんか行かない」であった。ほかにもそういう霊はあるだろうし、何よりも、赤紙一枚で戦地に送られて、敵に殺され、または飢えや病に殺された兵隊たちは、死んで霊になった途端、国家や軍のしがらみを脱して明澄な視野で真実を見ることが出来たにちがいない。何が自分を死地に追いやったのか。

一方、彼らを死地に追いやった、国民を破滅に追いやった者たち、政府の幹部たちがいた。今日A級戦犯といわれる人々だ。彼らも、死んでから同様に

明澄な視野を得て、自らの罪の大きさにおののいたに違いない。口先で「お国」といおうが「天皇陛下」といおうが「大義」といおうが、彼らのしたことは、日本の国民を破滅に追いやった一事である。

死んで大罪に目覚め、悔いても悔いてもいやされぬ罪の重さに、成仏することもかなわず、あの靖国神社の巨大な鳥居の蔭にしゃがんで泣きくらしているのではないか。「靖国で会いましょう」と伝えられた唯一の遺言をよすがに、靖国に参らざるを得ない多くの遺族たちの足元に、百万遍平伏しているのではないだろうか。

これほどの大罪は、死んだくらいではいやされまい。それを「……人を憎まず」などと、死ねばみなホトケでチャンプルー（ごちゃ混ぜ）とは、何という不謹慎ではないか。

ブラックマター

テレビで見た知識なのだが、宇宙にはこの物質世界以外に、目に見えない物質ブラックマターと、同じくブラックエネルギーというものがあるという。

それらの存在を仮定しないと、星雲や星たちが今のようにクモの巣状の網目構造になり得ないのだという。

それらは宇宙の実に96％をしめ、われわれの目に見える物質宇宙はたったの４％にすぎないと。

やっぱりそうか、と心ある皆さんは安堵なさることであろう。

見なされや。やれホリエモンがどーしたの、議席を何十％取っただの、隣家との境界線が十センチ縮んだの、貯金がついになくなった、などということは、まさしく４％の蟻さんの世界のようなことがらなのである。それをこころ全部の96％であるかのように思いなして、走り回るなどは、ほほほ、蟻のような人たち。

ま、しかし４％といえども、その穴から全ての血が流れ出てしまうことだってあるだろう。そう思うと、その４％が１２０％になることもあるわけで、それがこの物質界に生きるわれわれの悲しさである。

だから、なるべくそういうストレスの割合を宇宙と同じ4％程度にするのが賢い生き方でもあろう。

「生き方、だって！　堀越さん年とった！」

とまた、舞踏「山海塾」の天児牛大氏に笑われそうだが。

さて、そもそもこのブラックマターなるものは、大昔からいわれていることであって、エーテル、というのがそれである。

宇宙は真空、ということになって、エーテル説は否定されたわけだが、またここに別の源氏名で復活したのである。

科学、は今や神に代わる信仰であるが、もともとはこうした水ものなのである。もっとも、神の方だって、ビンラディンに利用されたり、ブッシュが転がしたり、小泉が拝むフリをしたりして、充分に水ものではあるが。

さて、宇宙の96％を満たす見えないもの「ブラックマター」であるが、ひょっとして、これこそ霊の世界ではないかしら。

霊の世界なんていうと、すぐお化けの世界となってしまうが、いや私もその傾向があるのだが、それは余りに「お金は汚いもの」というレベルのお子様向き見識ではないかしら。

このごろ誰でもが冗談半分に「前世はインカのドブさらい」などと前世を口にしがちであるが、やっぱり前世を仮定しないとこの世の生の不思議に答は出ないように思うのだ。仮定したって答なんか出っ

こないが、いくらか納得出来るような気がするのである。

宇宙の、たった4％が私たちの住む物質世界であるというわけで、私のように財布の中の「物質」が他人に比べて少ない者たち（アミーゴ！）には朗報であって、われわれはやはり宇宙のほとんどを占める、見えない、不可思議なるもの、を精神なり、と決めつけて、そこにわれわれ自身の存在理由を見いだしたい次第である。

それは精神、スピリット、つまり霊である。

霊界というのは物質界と隣接していながらに、お互いに直接の交渉はないといわれている。そうでないと先方は肉体を離れて自由自在だから、せっかく肉体の悪事を楽しんでいるわれわれは、見張られているようで存分に諸悪を楽しめないではないか。

それでも、いつか書いたように、死んだばかりの生（ナマ）な霊は、生前の気分でこの世（物質界）に働き掛けて、電話線を勝手に切り替えたりもするわけである。

長年親しくしていただいた故・三木成夫先生（生物形態学）が亡くなった日にも、スペインから国際電話をかけて奥様にお悔やみを申したまさにその時、夏の無風の夜だったのに、一陣の突風が窓から台所へ抜けてフライパンを床に落とした。と思ったがフライパンは壁にかかったままであった。しばしお別れのあいさつだったのだと思い感動した。

ブラックマターが星のように凝って光り出したのが、われわれの肉体であろう。光らなくなればまたもとのブラックマターに戻って、静かに眠れるわけで、至極結構である。

水が好き

私は水が好きである。

以前ひとのヨットに乗せてもらおうというので知人に声をかけたら、彼は「水たまりをまたぐのさえ嫌い」というほどの水嫌いだとのことで、そんな人がいるのか、とびっくりした。

水を嫌いな人がいるという訳で、水を好きを声を大にして言いたいのである。

川を見れば泳ぎたいと思う。海を見れば浮かびたいと思う。温泉を見れば万事休す、である。

水は、ひょっとしてあの世との出入り口ではないか、と思われる。すなわち母胎の羊水である。羊水を通ってわれわれはこの世に生まれ出た次第である。水は、あの世との「どこでもドア」ではないか。

この夏には、友人らと天然記念物「三波石峡」（埼玉県と群馬県の境）の、奇岩の間の深い淵で泳いだ。潜ってみたが底が知れずゾッとした。

真鶴（神奈川県）の岬でも泳いだ。水着がなかったのでパンツで。誰もいない夕暮れの岩場で、ちょっとスリルがあったが、その何ともいえない暗さ黒さが、一種のコクとなって、秋晴れの日の今にも生きている。

温泉通というほどのウンチクはないが、大熱狂する。温泉こそは羊水であるとは、申すも愚かであろう。

九州で言えば、二日市、壁湯、宝泉寺、天ケ瀬、川底、黒川、湯布院、別府八湯（別府、浜脇、観海寺、堀田、明礬《みょうばん》、鉄輪《かんなわ》、柴石、亀川）、霧島、妙見、指宿、満願寺、長湯、山鹿、玉名、地獄、筌ノ口その他思い出せないほどのあちこちに浸らせてもらった。眼の奥に残っているのに名を思い出せないのもある。

　全部それぞれに大好きであるが、壁湯の雰囲気とぬるさが好き。が、中でビールを飲みたがる俗

物は嫌いだ。川底のひなびた味もいい。妙見もしかり。別府の泥湯はすばらしい。わが精神も泥にすぎないと確信される。指宿の砂風呂は天下一であろう。砂の中から牛乳ビンのかけらがひとつ出現したので、私は笑った。それを指摘すると係のおばさんはそっぽを向いて、なかったことにしたので、さらに私は笑った。

　山鹿の透明で豊かな湯にも、行くたびに頭が下がる。ひっそり二軒が隣同士、甘さを競う灯籠饅頭もいい。

長湯温泉

九州の温泉のひとつひとつに、私は深い思い出をもっているが、長湯（大分県）は特に印象深い。

　初めて行ったのは、村田喜代子さんと毛利一枝さんに連れられて、である。私は記憶が悪くて申し訳ないが、それは同様にお二人に連れられて行った中国の雲南への旅とごっちゃになっているかもしれない。長湯の温泉センターで、毛利さんと中国茶のビンづめをあれこれ争奪し合った記憶があるからで、それはちょっとおかしい。室へ戻ると村田さんがいて、何で私が時間通り約束の場所へ来ないのか、となじるのである。夢ともごっちゃになっている。

　村田さんは、長湯にお住まいの小説家の古岡さんをご存じで、以前からここに親しんでおられるようであった。温泉センターにも村田さんの、長湯を称える文章が掲げられていた。

　私ども関東者から見ると、九州は文化発祥の地で

あって、その証拠にどんな田舎に入っても、荒れ果てた土地や打ち棄てられた土地という印象がない。雑木林は雑木林、ゴミ捨て場はゴミ捨て場、というように、キチンと決められてあるようにみえる。

富士山以東だと、そこがゴミ捨て場なのか住宅地なのか、畑なのか河川敷なのか、建材置き場なのか森林なのか、実にいい加減な気分の土地が多い。

長湯は、実に〝田舎〟なのだが、きちんとした美しい田舎であって、それでいてひなびた、侘《わ》び寂《さ》びの姿で、私にはむしろスイスの山間の村のように感じられた。ふつふつと、長年に渡って人々の郷土愛が湧いていてあちこちを自然に磨いているせいであろう。

川の中に湧く、「ガニ湯」という露天風呂に、私は右のお姉様方と夜中に混浴の栄を得たようであるが、忘れてしまった。

村田さんは、長湯が登場する長い小説を書いた。東京にある版元の社長がその小説を大いに愛して、村田さんと、挿絵のお伴をした私を東京の料亭に御招待したいと言った。私は喜んだが、村田さんは何とおっしゃったのか知らないが、社長の方からこの長湯に来た。村田さんは、偉い。社長を呼びつける。私は、よばれればどこへでも行く。

職に貴賤あり

ミュージシャン、と言われるような人に話をきく折があった。若いころ、両親にミュージシャンになりたいと言ったら、「そんな女のヒモみたいな商売

はいかん！」と反対されたそうである。

わけのわからん話ではあるが、ひと昔前の〝固い〟親爺なら言いそうな感じもする。

職業に貴賤はない、と学校で習ったのに、実際に世間に出ればこの有様である。

私は、フジロックフェスティバルに出演した者であるが、ミュージシャンではない。画家である。

画家の方がミュージシャンよりも、右のような親爺から見れば少しはマシではないか。せいぜい「貧乏エカキ」だからである。「女のヒモ」とまではいわれない。

日本で今一番偉いのは首相役の小泉であって、二番目はあちこちのＩＴ産業の社長衆であろう。

ヨーロッパの銅像は全部文化人だが、日本で銅像になるのは、大野伴睦、田中角栄はじめ政治家であって、文化人が銅像になるには、松尾芭蕉はじめ何百年かを経て顔もわからぬようにならねばならない。日本は、精神界よりも物質界に重きを置く、エコノミック・アニマル（古い言い方だが、私は実際に英国人からこの言葉をきいてショックを受けたことがある）なのである。

ヨーロッパでお札《さつ》になるのは、画家、作曲家が多い。人類の宝は芸術である、との意識が働いている。政治家は公僕であって、その時々の水モノだということを、民が知っているのである。

日本のお札は、政治家（聖徳太子、板垣退助、伊藤博文、岩倉具視など）から、やっと文学者にまで〝下りて〟来たところだ。まだ作曲家や画家は登場しない。「女のヒモ」や「貧乏」が無意識の枕詞になっているからだろう。守礼の門や源氏物語絵巻の絵をデザインした二千円札は、人気がない。当たり前だ。顔がない。

日本のある村に、文学碑が立っていた。三本の石柱に、それぞれ小説家名、版元の社長名、挿絵の画家名が刻まれてあって、高さがそれぞれ、三メートル、二メートル、一メートルの順である。村人たちの感じている職の貴賤の順とも思われるのである。ほほえましいが、村の後世のためには残念であった。あるいは単に人格の高低を表わしたものだったのかもしれない。

ホーム・ファー

日本にいると私はホーム・レス、というのじゃないが、家でないところに泊まることが多い。家が遠い。スペイン、あるいは埼玉県の辺境の山中にある。ホーム・ファー、とでもいいましょうか。

段ボールでなければ旅館とかホテルに泊まることになる。

外国人が日本へ来てびっくりすることは、物価が高いことと、ホテルなどが午前十時に追い出されることであるらしい。

私はこのチェックアウト十時、という悪い習慣には、常々苦々しく思っている者である。

全世界、どんな山奥へ行こうとも、客が宿屋の主人にチェックアウトの時間をきいたりはしない。それは正午と決まっているからだ。日本は何故十時なのだ？

「そんなに遅くまで寝ている人は、まあいないでしょう、仮にいたとしてもそれは非常識な怠け者ですから、そんな人のことまでは知りません」という、口には出さないが誠に明瞭なメッセージがそこにはある。この間のイラク人質事件で浮き彫りになった、日本人のムラビト感覚である。つまりムラの掟や習慣を破る者はどんな目に遭っても「自己責任」だから知ったこっちゃない、ひどい目に遭うがいい、というやつだ。

自信たっぷりに目先の〝正義〟をまくし立てて圧

勝した小泉自民党に投票した烏合の衆が、この十時チェックアウトを支えているように、私にはつい連想されてくるのである。

　イギリス人アーネスト・サトウも、一世紀以上前に日本のこの風習に驚いている（『一外交官の見た明治維新』岩波文庫）。すなわち、日本の街道を行く旅人たちは、朝も暗いうちから出発する。それは、前夜同宿の客たちはまた必ず次の宿場でも同様に泊まることになり、先着順に良い室を取ることが出来るからだと。当然、風呂も早い方が清潔だし。

　先を急ぐ街道の股旅者相手の宿にしてみれば、朝遅くまでいる客は、まあ病人か、連泊のヒマな連中であって、それより、前の宿から早々に着く客を出迎える準備をせねばならぬわけだ。

　今日、温泉宿やリゾートでさえ、その習慣が尾を引いて、人間の自由を、つまり私の自由を、阻害している。

　チェックアウト十時のくせに「どうぞごゆっくり」などとはとんだ嘘つきである。ゆっくりできない。

竹

　以前登場した、若きスペインの尺八奏者アントニオ君は、私のすすめで京都を味わって、その濃厚なる日本文化に仰天して東京へ戻ってきたのであったが、私はひきつづき彼をしつこく誘って、埼玉県神泉村に連れてきた。

　山の中で彼が興奮したのは、いたるところに竹が地面から生えていることであった。

「おお！　尺八が生えている！」

　スペインには竹は生えていない。竹すなわちバンブーとは名ばかりポピュラーで、実物は中国製の竹細工か、中華料理屋で出てくる缶詰のタケノコしかない。バンブーとはアジアの異名でもある。

アンダルシアの田舎のスペイン人の友人が、竹の切れ端を手に入れて半日煮ていた。何をしているのかと問えば、あの中華料理のバンブー（タケノコ）を食べたかったのだと。

スペインにおける竹とはその程度の知識であるから、尺八吹きのアントニオ君だって実際に生えている竹を見るのは初めてであった。

「ああ！　これが竹かあ。チアキ、これを切って持って帰ってもいいかな」

「いいとも」

私は地主でもないのに気前良く答えた。実際竹は毎年生えてくる。クワとノコギリで竹の根を掘ってやった。アントニオ君は、尺八には根と幹のカーブが大切だなどと騒いでいたが、どの竹もそれぞれに絶妙なカーブを持っているのだった。

翌日もアントニオ君はせっせと竹を掘り、たき火を起こし、本で読んだ知識に従って熱心にそれらの竹をあぶって乾かした。

「いきなり熱すると節と節の間の空気がふくれて破裂するぜ」と教えたら、びっくりしていた。よく見ると、彼は青くて色の美しい若竹ばかりを切ったので、押すとまだ柔らかいものもあった。彼はハアハア言うほどに興奮しているので、私はほほえましくて笑った。

竹は十一月に切るのが良い、といわれているのだった。まだ夏で盛んに蟬が鳴いていた。

「チアキ、あの音は何だ？」

「シガーラ（蟬）さ」

スペインの蟬は、草むらで地味にジッジジッと鳴く。

アントニオ君は夏の終わりに、名残を惜しみつつ泣く泣く帰国した。いま、竹を切るに丁度良い十一月になったので、彼のことを思い出した。

亡者たち

このたびは随分長く日本にいた。もう五カ月ほどもいる。

そろそろスペインに戻らねばならぬ。

スペインにちょっとした用事がある。つまり、マドリードに借りているアトリエの大家が、私に出て行ってくれと言っている。モロッコ出身の老婆が大家だったのだが、先年亡くなって、麻薬愛好家の馬鹿息子が跡をついだ。母の遺産である、四つのアパートのうち二つはたちまち悪い女にだまし取られた。あまつさえヒ素を毎日盛られて殺されそうになった。この女もモロッコ出身で、海峡の向こうに逃げた。

残る二つのアパートのうちのひとつを息子はエクアドル人の夫婦に貸している。母がスープを飲んでいて、ガクリと顔を皿に突っ込んだと思ったら死んでいた、というアパートだ。検視に来た警官が、死体に触ってはいけないと言い置いたまま、三日間放置した、と息子は怒った。しかり、人種差別である。モロッコ出身者に対するスペイン人の嫌がらせである。人類は残酷である。

息子は、そのアパートについて、エクアドル夫妻にどうやら良い事を言われてだまされつつあるらしい。つまり息子は、私のアトリエを何とかしたいと考えた。つまり二十年余住んだ私を追い出して、改修し、ペンションにして、今の家賃収入より多い生活費を稼ぎ出し、誰かと結婚したいというのである。

全部空想である。

「改修の金はどうするんだ、ホアン」

と私はきいた。息子はそういう名で、子どもの頃から知っている。

「ヘッヘッヘッ、銀行がいくらでも貸してくれるぜ」。スペインは今まさにバブルの絶頂期なのだ。

「その金は返さなくちゃならないぞ。どうするんだ?」

「ペンションをやるのさ。そうして、いい女を見つけて結婚する」

エクアドル夫妻に吹き込まれたのだろう。

私は、三人の描いた欲望の絵を眺めて、もうこの手の人類とは関わりたくない、と思っている。美意識も何もない欲の砂の上に夢を築いているような亡者たちの顔を見ないようにしたい。間借り人の権利も捨てて、私は出る。

遠からず、この息子は万事だまされて無宿者になるだろう。欲深い母の残したアパートが仇となるのである。「物」は人を不幸にする。実につまらぬ落ちである。

社長の品格

私は人生を温泉と共に過ごしたいと思う者ゆえ、ただいま温泉にいて、一人のんびり浸かっているところである。

湯殿にいると、数人の客が入ってきた。はなはだうっとうしいが、出て行けという訳にもゆかず、湯船のふちに座ったまま心中に不快を含んで眺めていた。私こそいやな客であろう。

気づいたことがある。

乾いた身体のまま、いきなり湯にすぽりと入る者。私は中学の頃までは銭湯でそんな入り方をしていた記憶がある。これを大人になってもやる者は、頭の中が中学である。私としては、入る前に下半身の前後を、よく洗ってもらいたいのである。見れば顔つきも未熟であって、私はこういう手の大人を、偏見を込めて庶民と呼ぶ。支持政党は常に自民党である、というのは言い過ぎかもしれないが知ったこっちゃない。彼らは安い回転寿司やうまいラーメン屋に並ぶのが得意である。私は絶対に並ばない。恥を知るからである。

次なるは、湯ぶねから汲んだ湯を肩からかけただけで入る者で、係長どまり、というかんじ。ちゃんとそういう顔をしている。

次は、湯を下半身の前にだけかけてから入る者。大学の運動部並み。課長どまり。俗にニートといわれる若者らも同じレベルだが、彼らは決して温泉などへ行かない。人前で自己を露出しないのである。自宅でシャワーである。うしろに優しいママがいる。

一応完璧なるは、しゃがんで前と後に湯をかけ、軽く洗う者である。もちろん、先にカランの前に座って全身を石けんで洗う者が最も清潔には違いないが、本物の温泉へ来てそんなことをする者は通でない。つまり温泉への愛の不足である。温泉は洗う所ではない。

湯ぶねのフチに寝そべって（どんなに細いフチでも私はそれをしてくつろぐ）、苦々しい思いで庶民たちの入浴を眺めていると、目の優しい、しかしどことなく悠々とした男が入ってきて、湯ぶねの脇にしゃがみ、下半身の前と後に湯をかけて洗い、背中にも一度かけてから入ってきた。理性ある入り方だ。先に湯に浸かっていた庶民たちが声を出した。

「社長、いい湯ですよ」

直線が嫌い

杓子定規、というが、人は権力を持つと、もともとぐにゃぐにゃ、てんでばらばらのやわらかい存在である人間というものを、自然界にない直線をあてがってカットしてみたくなるらしい。

小泉だって、ニタニタ笑ってオペラを見ている時は、やわらかいもの好きなわけだが、〝国民の支持〟（ホントか?）という権力を持つと、ああして自民党の議員諸君をカットしてみたくなる。

ヒトラーだって愛人はいたし、町の子どもたちの頭をなでて笑ってもいるし、

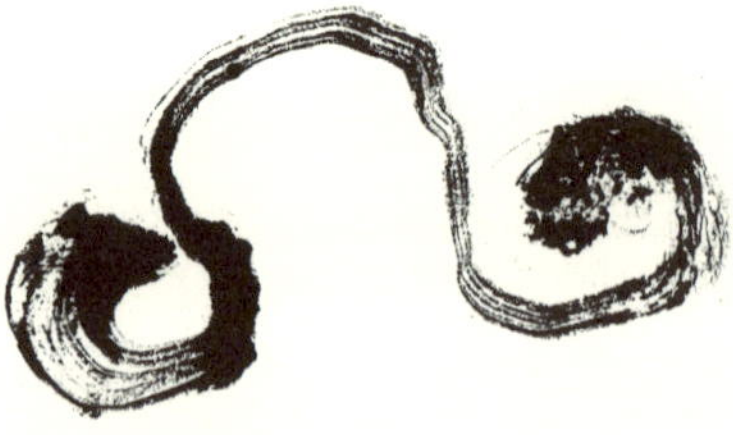

第一、奴は画家志望だった。私のように画家だからといって安全ではない、ということだ。気をつけよう。

小役人なんか、ごく小さな権力なのに、任された途端にそれを使って、やわらかな人間をカットしたくなる。たった三十秒でも定刻を過ぎれば、「本日は終了しました」。

「ここは通れません」

「身長百六十四センチ以上の方に限ります」

権力、は抽象名詞であるが、形として具体化されたものが直線である。私は嫌いだ。

飛行機の滑走路が直線なのはやむをえまいが、防波堤はなぜ直線なのか？　ついでにウォーターフロントとやらの散歩道、ビルの稜線、起重機、トラック、車、机、椅子、トイレ、室、ベッド、窓、お札、財布、ズボン、本、トランク、等々、あらゆるものに直線は多すぎやしないか？　何も直線でなくてもいいものまで、何となく「キチンと」という思想のもとに直線でカットしていやしまいか？

これぞ、人間の内なる権力意志の現れ、と私は見る。権力は、男女、夫婦、兄弟、隣人、などどんな小さな人間関係の間にも生ずる、愛の毒キノコだ。食べてはいけないのに、人はそれを集めて、わがものとしようとする。自信がなく、不安で、弱い者ほどそうしたがる。

岡山のシンフォニーホール脇のアーケード街、百メートルほどは、石ダタミの模様がゆったりと流れる川のようにカーブしている。それはすこぶる気持ちが良く、何度も往復したくなる。その先は、どこにでもある普通のツルツルの舗石が直線模様に敷かれており、そこにさしかかると、ピッと小さな緊張で胃が縮むのがわかる。人類は直線にいじめられている。

憲法をナメる

日本国憲法は、小泉がしたような「解釈」をすれば、武器を持った自衛隊を海外にまで派遣できるのである。日本国首相の小泉はそうした。

だったら、何故、小泉自民党は憲法を変えたがるのか？　いまの憲法でも武器付きの派兵はできるし、現にそうしたではないか。このうえ何を欲するのか？

自衛隊イラク派遣という既成事実にかなうように憲法を変えたい、ということは、今やっていることが違憲だということではないか。

違憲でないのなら、何故憲法を変える必要があるのだ？

そもそも、日本国首相一般は、自国の最高法規である憲法をナメている。

一九九四年に、社会党（当時）の村山富市が、首相になった途端、

「自衛隊は合憲です」

と言った。「ぬかした」と言いたいところだ。私はアゴがはずれた。何十年間社会党は自衛隊違憲を唱えてきたことか！

トホホ。政治的信条とは一時しのぎのお題目にすぎなかったのだ。

皆も驚いたろうが、暴動は起きなかった。「お上」は仕方ない、という呑み込みが日本国民というか、ムラビト、庶民、にはある。

以前小沢一郎が自民党幹事長だったころ、「日本も〝普通の国〟（派兵もできる）にならねば」と言った。日本人のムラビト感覚に訴えて改憲を言ったのである。「普通に」「人並みに」「村八分にならぬよう」「人様に迷惑をかけぬよう」「バスに乗り遅れぬよう」等々、政治家たちのセリフは実にムラビト用語である。今小沢は民主党なのであまりこれを言わない。立場、である。

先頃、海外居住者に選挙権がないのは違憲と最高裁の判決が下ったが、歴代日本の首相および政府は、靖国参拝はじめいろいろな違憲を平然と犯してきた。

しかし、小泉ほど国辱的に犯した者はいまい。おまけに変えろと言う。その前に一度、守ったらどうだ。

ニートにエサをやるな

日本には、ニートと呼ばれる諸君がいて、安楽なライフを送っているらしい。彼らは働かず、家の自室の中でごろごろしているという。うらやましいので文句を言いたい。

彼らは恥ずかしげもなくよくテレビなどに出て堂々と何やら自己弁護めく意見を述べたりしている。あるとき印象的だったのは、彼の隣に座ったママが、

「何も必ずしも社会や会社の歯車にならなくてもいいと思います」

と述べたことだ。どこでそんなセリフを覚えたんだろう。これは、単にセリフである。何やら体裁が良い。しかし事実を見れば、ニート息子を可能にしているのは、歯車の夫の持ってくる給料である。その傘の下で、このののんびりのほほんとした優しいママはふっくら肥り、出来の悪い息子をわが懐にカンガルーのように抱え込んで、「社会」から守っている。

父は息子に呆れ、怒るが、ママががっちりガードしているので、その波乱は息子の静かなおこもり部屋までは届かない。

もし父がちゃんとした男なら、そんな息子はたたき出して、いや応なく自立させてしまうのだが、この手の父は心根が繊弱で、「食えない」ことを極度に恐れているものだから、ママの主張する通り、息子を餓死させるわけにはいかん、と思うに至り、一方、子のほうは親の本音をうかがうのが商売だから、両親のセリフのスキをついて、まんまと部屋に居座る

のだ。

何のことはない、これにて三方まるく治まって幸せではないか。ただこれら幸せな小市民というものは、現在の満足が持続しないことに不安を感じる人種である。将来自分たちが死んだら、この巣に収まってピーピー鳴く可愛いペット、じゃなかったニート息子はどうなるんだろう、という、おしるこの上に砂糖をかけたような不安と不満とが生じてくるわけである。全ては問題だらけの歯車社会のせいであると信じているので、テレビに出て足元を忘れたエラそうなことを言うのも一向に恥ずかしくない。優しいママとペアになってキョトンと座るニート君の眼は、ドロッとして動かない。私はむかし痔で二週間入院したとき、こんな眼になって、頭が悪くなり、外出したくなくなった。エサも看護もテレビもついていたから。

パリ遠望

パリ経由でマドリードへ戻る途中の機内である。エールフランスのビジネスクラスのシートは、何だか古臭いがっちりした造りの濃紺色で、こんなに倒れていいのか！　と思うほど倒れてくれる。まあ、体はどことなく屈曲して、四分休符が横になったような案配ではあるが、幅が広く安楽で、パリが近く感じられた。これからも毎回ビジネスクラスにしようと決めた。誰か今回みたいに、タダで切符くださ い。

機内食が非常に美味いので驚いた。私がいつも乗る日本航空のエコノミークラスの食事は「万一食中毒が生じると私共の首が飛びます」というメッセージが、消毒薬臭とともに目にしみて、私には食べられない。日本独特の主客転倒、つまりお役人（会社幹部）大事根性である。

日本中の銭湯や日帰り温泉は、消毒薬臭い。レジオネラ菌とやらのせいで老人が亡くなったことがあるからだ。それは危険だ、とお役人衆は思ったのだろう。しかし本当に国民の生命を案ずるのなら、まず年間に何千人も死ぬ交通事故を案じて自動車を制限せよ。新幹線の喫煙車を廃止せよ（禁煙車は満員でもこちらは空いている。ＪＲ幹部に愛煙家が多いせいだろうと私はにらんでいるが、他にどんな理由があるのか？　飛行機はとっくに全世界禁煙である。十時間以上飛んでも、禁煙である）。そして、危険の極みイラク派兵をやめよ。

国民の生命を本当に案ずるのなら、以上の三点を、少なくとも実行すべきではないか。そしてレジオネラ菌どころじゃない、本当に案じられるのは、お手前の首です、と言いたまえ。役人諸君。

埼玉県のある公営の日帰り温泉に入った。山奥の湧水を沸かして、客も少ないのに、塩素臭が強くて私は喉が痛くなり、セキが止まらなくなった。苦情を言うと、「すみません。この間は体中真っ赤にはれた人が出て、あなたは良い方です。深谷保健所の指導により、日に三回塩素濃度を測らねばなりませんので」とすまなそうに言われた。測るべきはレジオネラ菌の有無ではないか、深谷のお役人。

機窓から、夕陽に光るセーヌ川とエッフェル塔が見えた。久しぶりで感激した。折からフランス庶民の暴動が伝えられている。世界中で、何かが変わろうとしているのかもしれない。

見ない日本人

ピカソはかつて、「世界に真の芸術を作り出したところが四つある。それはアフリカとオランダとスペインと日本だ」と言った。

アフリカの黒人彫刻、オランダのゴッホとレンブラント、スペインはベラスケスやゴヤそして御当人を指すと思われる。では日本は誰かしら？

答は別に必要あるまい。ピカソの意見である。皆さん自身で、考えてみるがよろしい。

むかしの日本は、ピカソが讃嘆するほどに素晴らしい美術を生んだ国である。人々はちゃんと自分自身の眼を開いてものを見ていたにちがいない。

しかし、このごろの日本人はどうだ？　ちっとも自分の眼でモノを見ない。どういうことかというと、たとえば例の「ブランド崇拝」。「ブランド」を支えるものは、眼ではなく、耳である。「これは大変高価で、何々女王とかハリウッドの誰それも御愛用なんですって」

「こちらの画家は芸大を出て、〇〇賞を史上最年少で取って、将来有望なんですって」

「ですって」の世界だ。つまり耳できいた情報にすがるのだ。「値段」もそうだ。「これって八百万円もするのよ」と、耳できくことで、目の色が変わる。美しいものを見た途端に目の色が変わる、というのが本当の「眼」ではないか。そんな裸の「眼」を持つ人が、何人いるのか？　たちどころに値段を言い当てる「鑑定眼」のことを言っているんじゃありませんよ。好き嫌いでいい、正直に感じる眼のことです。「ブランド」も「グルメ」も耳で話を仕入れ、舌で味わう。〝眼〟は必要ない。

　今の日本人の旅行のテーマはこの二つである。パリや香港へ行って、おいしいものを食べてブランド品を買って帰る。「眼」は使わない。まるでナメクジの旅行である。国内ならばブランドの代わりに温泉となる。こちらはナマコ。

　だったらせめて提案がある。国内の美しい絵葉書を作りなさい。日本の不思議は、「村おこし」と言いつつほとんどバラ売りの絵葉書を見かけないことだ。景色は自慢じゃないのか？　無理に掘った温泉と無理に作った名物料理。少しは美に〝眼〟を開きなさい。

これも暴力

きくところによると、日本の図書館では本のカヴァーをひっぺがして捨てるところがあるそうな。何ということをするのだ！　おそらく理由はひとつ、邪魔だというのだろう。それが合理的だと思っているのか？

　今日、日本ではおそろしく「見る」ことを軽視している。いつかも書いたが、日本で偉いのは、小説家、画家、音楽家の順である。三者それぞれの上に評論家がおり、大学の先生がいる。何かを解説したり、評価したりする「口舌の徒」が一番偉く、表現する人は下位である。形のない音楽や、身体をくにゃくにゃする踊りの人などは、下の下である。

身体をビシッと真っすぐにする軍人などは、かつて最も威張っていたが、今はいないのが幸いで、これが平和ということである。政治家はまだいるが。

本のカヴァーというのは、画家やデザイナーや編集者が心血を注いで作るものである。「ビジュアル」が命なのである。つまり、服装であり、顔である。それを何故捨てるのか？

多くの人の手に触れられて、なるほどカヴァーはぼろぼろになるかもしれない。しかしはじめっからカヴァーの美などは無視という姿勢は、文化というものを「文」のみに限ってしまう暴力である。
徒然草にもある。「薄布の表紙は早く傷むのがわびしいなあと言ったところ、頓阿が、薄布の表紙の上下がほころびたり、また螺鈿の軸などは貝が落ちたあとこそが美しいのだと言った。なるほどと思われる」云々と。また弘融僧都は、「物を何だって皆同じにきちんと整えようとばかりするのは、未熟の人のすることで、整わないものこそ、いいものなのだ」とも述べている。
わび、さび、という日本独特の美も、このこころの発見なのである。ぼろぼろになったカヴァーを修繕しつつ、それを作って中味と共に世に送り出そうとした人々の美意識を尊重することこそ文化であり、それを人々に教え示すのが図書館のつとめではないか。
「カヴァーなんか皆捨てちゃうんですよ私ら」と得意げに言った司書よ。

美は漏れる

初対面のFさん（画家・女性）は人にすすめられたからと、私の焼き物の小個展を見に来られて、「想像したより全然いい」と小声で呟き、財布の底をさらって、ぐい呑み様の器を買って下さった。ぐい呑みにしてはちょっと高いと思われたに相違ないが、何も言わずにそれをポケットに入れて持って帰られた。

私は二年前に埼玉県神泉村の山の中に穴窯を築いて、今までに三回焼いたが、それ以前には友人の窯や、静岡県森町の山中の吉《よし》筋《すじ》恵治さんの窯で焼いてもらったりした。何しろ土を焼きたい一心でたのみ回ったのである。

吉筋さんの窯を、私のものを焼く直前に訪ねたら、山の中の空き地に電柱ほどの赤松材が、二階屋の高さに山脈になっていた。

「これは何です？」と問うたら、「これ全部で堀越さんの作品を焼くんです」と言った。

吉筋さんは陶芸家である。私ごとき風来坊のものを焼く暇などありっこないのに、気まぐれを起こして助けて下さったのだ。

「これでログハウス三軒は建ちます」

と吉筋さんに言われて、私は一瞬そっちにしようかなと思ったほどだ。私は家がない。

とまれ、その山脈は全部灰になり、百五十個ほどの焼き物が出来た。これは吉筋さん焼きの堀越物で、全部国宝だ。あはははははは。Fさんのぐい呑みもこの内のひとつ。

後日Fさんに再会したので、

「あれはどうです、水漏りませんか？」

と尋ねた。Fさんは

「漏ります」

とことともなげに答えられた。

「でも使っている内にだんだん減って今はもうほとんど」

千利休は、自作の竹の花入「園城寺」に花を入れて床にかけていたが、筒の割れ目から水がしたたって畳がぬれていた。それを人が見て、どうしたのですかとたずねると、こうして水の漏るところがこの花入の命です、と答えたという。

こういう話をして、私は人を煙に巻こうとするわけではないのだが、平成の俗人たちは、「水が漏れりゃいいってもんじゃないよ」と申される。

諸君、水の漏れることこそ、ますます美である。

何故殺したんですか？

マドリードに着いた。久々のスペインの青空だ。

十一月二十日は、独裁者フランコ将軍三十回忌ということで、あちこちで「フランコ」の字にお目にかかる。

スペインの歴史の汚点だ影だ恥だ、という半面、いや良い点もあった、などと、風化しつつも評価は常にいろいろである。もはや、いろいろとしか言いようがあるまい。

内戦でフランコ側に銃殺された人々の骨を発掘するドキュメンタリーをテレビで見た。古老や遺族の言葉通り、畑を掘ると沢山の遺骨が出てくるのである。そうして今、スペイン中の何千という遺族の、発掘の要請があるという。

遺族らの中には、親や兄弟が銃殺される様子をはっきり見て覚えている人もいる。いま発掘された遺骨を見て、その心中はいかばかりであろう、と胸が痛くなった。

当時の、銃殺の実景を写したフィルムなども挿入されていた。がけのふちに数人を並べて、背後から同じスペイン人が撃つのである。あっけなくくずおれるように倒れる人々。

掘り出される、折り重なった人骨。青空のもと、明るい陽光を浴びつつ、それを見守る老人たち、つまり遺族たち。

この夏、日本で見た、沖縄のドキュメンタリーに、まったく重なる、よく似た光景があった。

日本軍は、沖縄の民間人を盾にし、あるいは道連れにした。人々は強制され、洞穴の奥で抗戦させられ、自決させられたという。降伏しようとする人を、軍人が背後から撃った、という。ある夫婦は、アメリカ軍にいったん捕まって、のち解放されたが、そのあと日本の将校が行って殺した、という。その夫婦の甥にあたる人が、戦後何十年もたってから、沖縄を慰霊に訪れた人々の中にその将校を見つけ、静かに問いただしたという。

「何故殺したんですか?」

その様子は、フィルムには出てこない。しかし、甥にあたるその老人が、そう語った。沖縄の、スペインに似た青い空、明るい陽光のもとで。

人間は、誰一人殺してはならない。だが今、「正しい戦争」を叫ぶ男が、我らの首相である。

バスクの思い出

仙台の場末のバーで「博多の〝みつばち〟って知ってる?」ときいたら、「知らなきゃモグリですよ」といわれた。その〝みつばち〟のママは京子さんで、野見山暁治先生(画家)の奥様であった。先年亡くなられた。

スペインのバスク地方は美食の秋葉原です、という私の吹聴をお聴き下さって、お二人でスペインへ来られたことがあった。

その前年にも、イタリアに住むマキちゃんこと蒔田瑞三さんとお二人は一緒に来られて、私も加わって水戸黄門漫遊記みたいな、愉快な旅をしたのであったが、マキちゃんは病気で亡くなってしまった。

豪名轟くバーのママなのに、京子さんはごくふつうのおばさん、といっては失礼だが、そんな気さくな方であった。沢山の神話的逸話が残されているが、それを直接にお二人の口から聞いて笑いながら、バスクの美食を巡る短い旅をした。

オンダリビアという、中世を残す美しい村の石ダタミを下りながら、京子さんが「髪をセットしたいわ」と言った。見るとそこはパーマ屋である。通訳しましょう、と言うと、「いいのいいの、これは女同士、何も言わなくてもわかるの」と言って、どんどん店に入ってしまった。私と野見山先生は、道に立って小一時間、昔の沖縄旅行の話などをして待った。やがて出て来た京子さんは、本当にきれいな、可憐という言葉がぴったりの女性となっていた。

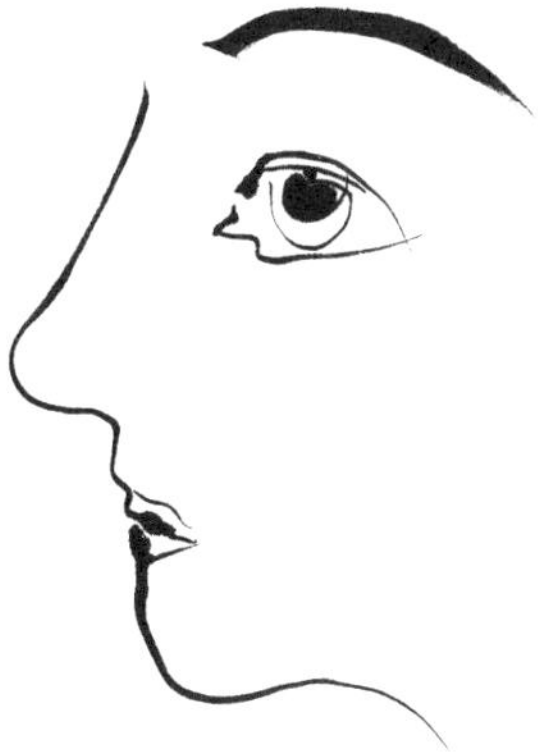

坂の途中の落ち着いた古風なレストランで、私たちは美食に溺れた。バスク料理は世界一である。腹一杯である。京子さんが言った。

「本当においしかった！　でも、これだけじゃおかずばっかりで、最後に御飯を一口頂きたいわ」

「御飯!?」

白飯は西洋料理にはない。米ならパエージャしかない。デザートの代わりにそれをたのんだ。ボーイびっくり。やがて出て来たそれを京子さんはカナリアのように少しだけ食べ、「あー！　おいしかった！　ありがと」と笑った。

先生は「おれはものを残すのは嫌いだ」とおっしゃり、同意見の私と二人で洗面器ほどの量を、満腹なのに必死で平らげた。

この本の最後を、何か華々しく飾りたいと思ったら、京子さんのことを思い出した。

あとがき

朝から蟬が鳴きっ放しだ。

早朝はカナカナカナ……と悲し気な声が、薄明に似合う。Aが鳴き止むころ、彼方でBが鳴き始め、Cがそれにつらなる。山全体がその悲しい調べでワーッと一杯になる。それが潮の流れのように大きくなったり小さくなったりする。どんなオーケストラも、これにはかなうまい。というより、オーケストラはこれを模倣したのであろう。

川で泳ぐ。

流れが一瞬たりとも止まらないのは、やっかいなものだ。海なら水は行ったり来たりする。その点が優しい。川は容赦ない。スペイン語で川は男性名詞。海は女性名詞、そして男性名詞の時もある。これも行ったり来たりだ。

この本は、二〇〇一年から二〇〇二年にかけて読売新聞日曜版に連載された「赤土色のスペイン」、そして二〇〇五年に西日本新聞に五十回連続で毎日連載された「人の上は空である」を合わせたものである。

西日本新聞の連載が始まった翌日、弦書房の三原浩良さんから早くも単行本化の話を頂いた。激しい急流である。

流されている身からすると、激流だろうがゆるい大きな流れだろうが、ただ楽しく浮かんでいるばかりである。

何年も前に終わった読売新聞の連載も合わせて出して頂くこととなり、大きな流れを感じるのである。読売新聞の芥川喜好さん、西日本新聞の宇田懐さん、弦書房の三原浩良さん、小野静男さん、編集部の吉村千哉子さん、そして装幀をして下さった、激流の水先案内人ともいえる毛利一枝さんに、心からお礼を申します。また、文中に御登場願った沢山の方々にも！

また川で泳いだ。冷房がないので、暑いと川へ入るしかないのである。どうぞ、皆さんも来ませんか？

堀越千秋

二〇〇八年八月　蟬しぐれの埼玉県・神泉村にて

◆本書は左記の連載を加筆・収録したものです。

「赤土色のスペイン」 読売新聞（二〇〇一年四月一日～二〇〇二年十二月二十二日）

「人の上は空である」 西日本新聞（二〇〇五年九月十四日～十一月二十五日）

〈著者略歴〉

堀越千秋（ほりこし・ちあき）
画家。1948年東京・駒込千駄木町に生れる。1976年東京藝術大学・大学院（油画）修了後、スペイン政府給費留学生として渡西、今日に至る。世界各地で個展。壁画、彫刻、装丁、挿絵、舞台美術、陶芸、映像など多岐に制作、カンテ（フラメンコの唄）もよくする。

赤土色のスペイン

二〇〇八年九月二五日発行

著　者　堀越千秋
発行者　小野静男
発行所　弦　書　房
（〒810・0041）
福岡市中央区大名二－二－四三
ELK大名ビル三〇一
電　話　〇九二・七二六・九八八五
ＦＡＸ　〇九二・七二六・九八八六

印刷　アロー印刷株式会社
製本　篠原製本株式会社

ISBN978-4-86329-006-8　C0095